moment
MALLORCA
모먼트 마요르카   ver. 01

Viajar a España

B the MOMENT

moment
MALLORCA

Contents

Chapter 1.
Insperation
004 마요르카 여행 인사이트

006	8 Scenes in Mallorca	마요르카의 8가지 장면
018	An Overwiew of Mallorca	한눈에 보는 마요르카
020	10 Best Beaches in Mallorca	최고의 해변을 찾아서
028	Find Your Stay in Mallorca	취향대로 선택하는 마요르카의 숙소
042	Flavors of Mallorca	마요르카 로컬의 맛
046	4 Ways to Travel Mallorca	허니문부터 배낭여행까지, 마요르카 4색 여행법
056	Things to Do in Mallorca	오감으로 즐기는 마요르카
062	Mallorca Finds	지갑이 열리는 마요르카

Chapter 2.
City Guide
064 마요르카 도시 탐험

066	Palma	마요르카 여행의 관문, 팔마
086	Sóller	오렌지 나무 사이로, 소예르
094	Valldemossa	쇼팽이 머물다간 곳, 발데모사
100	Manacor	라파엘 나달의 고향, 마나코르
108	Alcúdia	중세의 흔적과 푸른 바다, 알쿠디아
112	Pollença	예술이 흐르는 골목, 포옌사
118	Banyalbufar	지중해를 마주한 포도밭, 바니알부파르
121	Andratx	그림 같은 항구 마을, 안드라츠

Chapter 3.
Planning
124 마요르카 여행 준비의 모든 것

126	Transportation	교통편
128	Recommended Itinerary	마요르카 추천 일정
131	Mallorca & Beyond	유럽 주요 도시와 함께하는 여행
132	Seasons in Mallorca	마요르카의 사계절
135	Festival Calendar	축제 캘린더
139	Index	찾아보기

140 Top Moments
마요르카에서 만난 최고의 순간

↑ 소예르 골목 풍경.

Chapter 1.
Inspiration

마요르카 여행 인사이트

스페인 발레아레스 제도(Illes Balears)에서 가장 큰 섬, 마요르카는 바다 너머 느긋한 리듬 속 삶의 여유를 담고 있다. 지중해의 강렬한 햇빛을 머금은 바다, 그 곁을 감싸는 소박한 마을 그리고 세월을 품은 석회벽 건물이 어우러져 마요르카만의 풍경을 만든다. 세련된 리조트에서 즐기는 럭셔리 호캉스, 전통 식자재와 섬의 향을 담아낸 미식 여행, 지중해의 자연을 오롯이 느낄 수 있는 다양한 액티비티까지. 감성부터 오감까지 채워주는 마요르카에는 완벽한 휴식이 기다린다.

8 Scenes in Mallorca
An Overwiew of Mallorca
10 Best Beaches in Mallorca
Find Your Stay in Mallorca
Flavors of Mallorca
4 Ways to Travel Mallorca
Things to Do in Mallorca
Mallorca Finds

파세오 델 보른에서 보이는 팔마 대성당.

8 Scenes in Mallorca

마요르카의 8가지 장면

오랜 역사와 찬란한 자연환경을 바탕으로 다채로운 문화가 발달한 지중해의 섬, 마요르카. 현지인의 삶이 녹아든 골목, 고대 로마와 이슬람의 흔적이 남아 있는 건축물, 석회암 절벽 아래 펼쳐진 맑고 깊은 바다, 연이어 솟은 산맥과 햇살을 머금은 포도밭은 여행자의 감각을 섬세하게 일깨운다. 마요르카로 떠나기 전 미리 만나는 8가지 모먼트.

요트가 정박한 소예르 항구.

고풍스러운 석조 건물과 나무 창틀이 멋스러운 마나코르 골목.

1 시간이 머문 섬

마요르카가 유럽의 수많은 섬 중에서도 매력적인 곳으로 손꼽히는 이유는 비단 자연 풍광 때문만이 아니다. 수천 년에 걸친 역사와 다양한 문화는 마요르카를 매력적인 여행지로 만드는 또 다른 요소. 고대 로마 제국의 유산부터 중세 무어인의 지배와 아라곤 왕국의 통치를 거쳐 18세기 스페인에 통합되기까지, 다양한 민족과 종교의 영향을 받아 형성된 독자적 문화를 접할 수 있다. 마요르카를 여행하는 것은 한마디로 섬에 켜켜이 쌓인 시간을 거슬러 오르는 경험이다.

2 지중해의 보석

마요르카는 스페인 발레아레스 제도에서 가장 큰 섬이다. 햇살 아래 반짝이는 자갈과 고운 백사장이 조화를 이룬 200여 개의 해변이 섬 곳곳에 자리해 어디서나 푸른 지중해를 마주할 수 있다. 바다와 맞닿은 아찔한 절벽과 고요한 작은 만은 마치 비밀의 낙원 같은 풍광을 선사한다. 일출부터 일몰까지 시시각각 변화하는 마요르카의 해변은 그 자체가 힐링이다.

사방이 바위로 둘러싸인 칼로 데스 모로.

3 드라마틱한 산악 풍경

섬 북서쪽을 따라 길게 뻗은 해발 1,400미터의 트라문타나 산맥(Serra de Tramuntana)은 거대한 석회암 봉우리와 거친 절벽, 깊은 협곡, 계단식 논과 밭, 고지대 마을 등이 어우러져 극적인 풍경을 연출한다. 하이킹, 사이클링, 암벽 등반 등 다양한 레저 활동을 통해 바다와는 또 다른 섬의 매력을 발견할 수 있다. 트라문타나 산맥 일대는 다양한 동식물이 서식하는 자연보호구역으로, 2011년 유네스코 세계문화유산에 등재되었다.

트라문타나 산맥을 가로지르는 드라이빙 코스.

팔마 대성당의 웅장한 외관.

4 건축으로 떠나는 여행

선사 시대부터 현대에 이르기까지 섬에 새겨진 시간의 흐름을 잘 보여주는 것 중 하나가 바로 건축물이다. 특히 팔마 대성당, 알무다이나 왕궁처럼 서로 다른 종교와 시대가 공존하는 독특한 건축물은 마요르카 여행의 빼놓을 수 없는 볼거리. 이와 함께 모래 빛깔의 석조 외벽, 테라코타 지붕, 녹색 창틀 등 섬의 자연을 빼닮은 전통 가옥은 고유의 미감으로 여행자를 사로잡는다.

호안 미로 재단 내 세르트 스튜디오 내부.

5 예술가의 섬

마요르카는 수많은 예술가에게 영감을 준 창작의 무대이기도 하다.
애국가를 작곡한 안익태 선생, 스페인을 대표하는 화가 호안 미로, 폴란드 작곡가
프레데리크 쇼팽 등 전 세계 다양한 분야의 예술가가 섬의 찬란한 빛과 풍경 속에서
자신만의 예술 세계를 한층 더 확장했다. 팔마 시내 중심부에 세운 안익태 기념비,
호안 미로의 작품과 작업실을 그대로 보존해 놓은 호안 미로 재단 등
섬 곳곳에서 그들의 흔적을 만날 수 있다.

6 사이클링의 천국

마요르카는 유럽 사이클리스트가 사랑하는 라이딩의 천국이다. 트라문타나 산맥을 가로지르는 아찔한 코스부터 해안을 따라 달리는 완만한 평지까지, 초급자와 상급자 모두 가슴 뛰게 만드는 다양한 코스를 갖추고 있다. 산과 바다를 모두 품은 절경은 달리는 내내 잊지 못할 추억을 선사하고, 코스 중간중간에 자리한 전통 마을과 카페는 잠시 페달을 멈추게 하는 작은 쉼표가 되어준다.

포르멘토르 곶 전망대로 향하는 길.

레스토란테 칸 코스타 발데모사의 파에야.

7 풍요로운 섬의 식탁

마요르카의 음식은 지중해의 햇살을 머금고 자란 신선한 식자재와
섬의 자급자족 문화가 어우러져 소박하면서도 깊은 맛을 지닌다. 올리브오일, 토마토,
아몬드, 허브 등을 활용한 요리가 발달했고, 매콤한 소시지 소브라사다, 달콤한
페이스트리와 엔사이마다 같은 로컬 풍미가 가득한 음식이 많은 사랑을 받고 있다.

inspiration

8 로맨틱한 일몰

해 질 무렵, 섬은 가장 낭만적인 얼굴을 드러낸다.
서쪽 해안의 절벽 위로 떨어지는 붉은 태양, 황금빛으로 물드는 고요한 바다를
바라보고 있으면 시간이 느리게 흐르는 듯한 순간을 경험하게 될 것이다.
깎아지른 절벽과 등대가 있는 섬 북쪽 끝의 포르멘토르 곶(Cap de Formentor),
거대한 바위에 뚫린 구멍 너머로 지는 해를 볼 수 있는 미라도르 데 사 포라다다
(Mirador de Sa Foradada) 등은 마요르카를 대표하는 일몰 명소다.

안드라츠 항구의 일몰.

8 scenes in mallorca

An Overview
한눈에 보는 마요르카

지중해의 태양 아래, 시간과 문화가 교차하는 마요르카. 고요한 산악 마을부터 활기찬 항구 도시까지 저마다의 매력을 지닌 도시로 가득하다. 8개의 주요 도시를 따라 이 섬이 품는 역사와 풍경을 하나씩 들여다본다.

Palma
❶ 팔마
마요르카의 수도이자 가장 큰 도시. 지중해의 아름다운 풍광과 중세 시대 고딕 양식의 건축물이 조화를 이뤄 스페인의 찬란한 문화를 느낄 수 있다. 자연, 문화, 쇼핑 어느 하나 부족한 것이 없는 매력적인 여행지다.

Sóller
❷ 소예르
트라문타나 산맥이 감싸고 있는 작은 마을로, 오렌지 나무와 올리브 나무가 가득해 '오렌지 마을' '황금의 계곡'이라는 별명을 가지고 있다. 산과 바다가 공존하는 독특한 풍경을 자랑하며, 100년이 넘는 긴 세월 동안 마을과 항구를 오가는 나무 트램이 대표 명물로 꼽힌다.

Valldemossa
❸ 발데모사
내륙에 위치해 해안 마을과는 다른 색다른 풍경을 만날 수 있는 도시. 황토색 석조 건물의 벽면을 타고 오르는 덩굴 식물과 꽃이 포근한 색감을 자아내고 마을의 아기자기한 매력이 어우러져 구석구석 걸어다니는 것만으로도 충분히 흥미롭다. 박물관과 마을 곳곳에서 한때 이곳에 머문 쇼팽의 흔적을 확인할 수 있다.

Manacor
❹ 마나코르
소박하고 여유로운 분위기가 가득해 현지인의 일상을 가까이에서 느껴볼 수 있는 지역. 세계적인 테니스 선수 라파엘 나달(Rafael Nadal)의 고향으로, 그의 업적을 전시한 박물관과 테니스 훈련 시설로 이루어진 라파 나달 아카데미가 자리해 있다.

기본 정보
면적.	3,640km²(제주도의 약 2배)
인구.	약 94만 300명(2023년 기준)
공용어.	스페인어, 카탈루냐어

# of Mallorca

Alcúdia
❺ 알쿠디아

로마 제국 시대의 흔적이 그대로 남아 있는 마요르카 북동부의 매력적인 도시. 14세기 성벽이 감싼 구시가지는 역사와 문화가 살아 숨쉬는 중심지로, 중세의 풍경을 간직한 좁은 골목을 따라 아기자기한 상점으로 즐비하다.

Pollença
❻ 포엔사

로마 시대, 중세, 르네상스에 이르기까지 여러 시대의 건축물이 남아 있는 유서 깊은 도시. 예술과 자연이 완벽하게 조화를 이룬 곳으로, 마요르카 대표 전망대 포르멘토르 곶이 인접해 있다.

Banyalbufar
❼ 바니알부파르

전통적인 해안 마을의 정취를 느낄 수 있는 곳. 느긋하게 산책을 즐기거나 하이킹을 하며 경사지를 따라 형성된 계단식 농지와 끝없이 펼쳐진 지중해가 어우러진 독특한 풍광을 감상할 수 있다.

Andratx
❽ 안드라츠

해 질 무렵 석양이 아름답기로 유명한 항구 마을. 마을 주변에는 아몬드 나무가 무성해 매년 2월 아몬드꽃이 만개하면 마치 눈이 내린 것 같은 장관이 펼쳐진다.

Plus Info

마요르카 지명에 담긴 의미는?

라틴어 '인수라 마이오르(Insula Major)'에서 유래한 것으로, '더 큰 섬'이라는 뜻이다. 마이오르는 '더 크다'라는 뜻이고, 메노르(Menor)는 '더 작다'라는 뜻. 즉, 이웃 섬 메노르카(Menorca)와 크기를 비교해 붙은 이름이다.

10 Best Beaches in Mallorca

최고의 해변을 찾아서

해안선을 따라 각기 다른 매력을 지닌 해변이 구석구석 자리한 마요르카. 주말이면 현지인도 보물찾기 하듯 숨은 해변을 찾아 떠난다. 대부분의 해변은 자연 그대로의 모습을 보존하고 있으며, 방문객으로 인한 훼손을 최소화하기 위해 차량 진입을 통제하는 경우가 많다. 모든 수고를 기꺼이 감수할 만큼 아름다운 풍경을 자랑하는 마요르카의 해변 10곳을 소개한다.

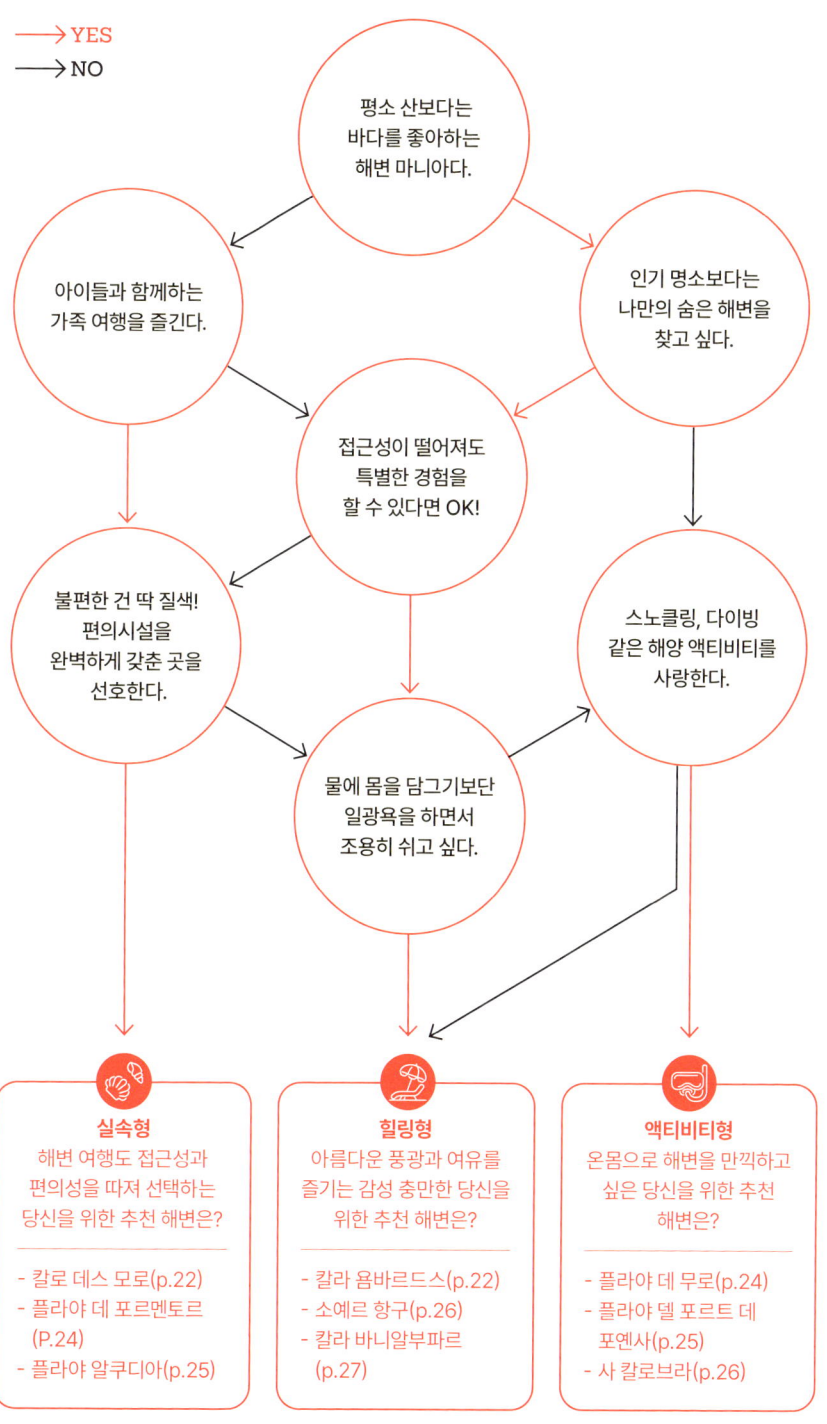

남동부 지역

Caló des Moro
칼로 데스 모로

'마요르카의 마지막 낙원 중 하나'라고 평가받는 해변으로, 양옆으로 절벽과 바위가 깎아지른 듯 솟아 있고 소나무 틈 사이로 청록빛 물이 반짝이는 그림 같은 풍경을 자랑한다. 스페인 사진 작가 요시고(Yosigo)의 작품에 등장해 '요시고 해변'으로도 불리는 이곳은 깊고 좁은 만 안쪽에 자리해 있는데, 성수기에는 주차가 어려울 정도로 수많은 관광객이 모여든다. 물이 얕고 잔잔해 수영과 다이빙을 즐기기 좋은 반면, 항상 사람이 많아 여유롭게 일광욕을 즐기기엔 적합하지 않다. 또 주변에 레스토랑과 화장실 등의 편의시설이 없기 때문에 이에 대한 대비가 필요하다. 긴 배차 시간, 여러 번의 환승 등 제약이 많은 대중교통보다는 렌터카 이용이 편리한데, 해변 근처에 주차 공간이 충분하지 않고 거주자 구역 주차 시 벌금이 부과되므로 주의할 것. 해변에서 도보 15분 거리에 있는 무료 주차장을 이용하는 것을 추천하며, 비교적 사람이 드문 오전 시간대 서둘러 방문하는 것이 좋다.

Ⓐ Carrer des Caló des Moro, Santanyí

가는 방법 →	팔마에서 차로 약 50분(57km) 소요
	산탄니에서 차로 약 10분(6km) 소요

Cala Llombards
칼라 욤바르드스

여행자보다 현지인이 많이 찾는 해변으로, 조용하고 목가적인 분위기를 가진 보석 같은 곳이다. 가파른 절벽과 바위, 하늘 높이 솟은 소나무가 작은 모래사장을 둘러싸고 있는 칼라 욤바르드스는 상업 시설 개발이 제한된 지역이라 자연 그대로의 모습을 유지하고 있는 것이 가장 큰 특징. 물이 투명하고 맑아 스노클링하기에 적합하며, 3~6미터의 얕은 수심과 완만한 경사, 잔잔한 파도 덕분에 아이들도 안전하게 물놀이를 즐길 수 있다. 편의시설이 없기 때문에 먹을 거리를 간단히 준비해 방문할 것을 추천한다. 해변 근처에 머물고 싶다면 산탄니에 숙소를 잡으면 된다.

Ⓐ Carrer des Pontàs, Cala Llombards, Santanyí

가는 방법 →	팔마에서 차로 약 50분(57km) 소요
	산탄니에서 차로 약 10분(6km) 소요

> **Plus Info**
>
> **마요르카에서 해변을 뜻하는 단어**
>
> 칼로(Caló), 칼라(Cala), 플라야(Platja) 모두 카탈루냐어로 해변을 지칭하는 단어지만 의미와 뉘앙스가 조금씩 다르다. 칼로는 아주 작은 만 혹은 숨은 해변을, 칼라는 작은 만이나 해변을 뜻하며, 플라야는 일반적인 해변과 바닷가를 가리킨다.

절벽에 둘러싸인 칼로 데스 모로.

북부 지역

Platja de Muro
플라야 데 무로

알쿠디아 인근에 길게 뻗은 해변을 따라 레스토랑, 호텔, 상점이 자리해 있어 관광객이 많은 편이지만, 지역 내 다른 해변에 비하면 상대적으로 인파가 적어 조용한 곳이다. 완만한 경사로를 따라 얕고 맑은 바다가 이어지기 때문에 어린이도 안전하게 시간을 보낼 수 있다. 해변이 넓고 바람이 적당하게 부는 덕에 세일링 같은 수상 스포츠를 즐기기에도 좋다. 단, 가끔 파도가 거세질 수 있으니 주의가 필요하다.

📍 Platja de Muro, Muro

가는 방법 → 팔마에서 차로 약 45분(60km), 302번 버스로 약 1시간 20분 소요
알쿠디아에서 차로 약 15분(5km), 302번 버스로 약 25분 소요

Platja de Formentor
플라야 데 포르멘토르

마요르카 북부 깊숙한 곳, 트라문타나 산맥 끝자락에 자리한 외진 해변. 초승달 모양의 해변이 약 1킬로미터 길이로 이어지는데, 그림 같은 풍광 덕분에 영화 <미 비포 유>에서 모리셔스의 휴양지로 등장하기도 했다. 찰리 채플린, 윈스턴 처칠 같은 유명인사가 자주 찾아왔다고 하며, 수심이 3~8미터로 낮고 파도가 잔잔해 물놀이를 즐기기에 좋다.

📍 Playa de Formentor, Port de Pollença

가는 방법 → 팔마에서 차로 약 1시간 10분(70km) 소요
포옌시에서 차로 약 20분(10km) 소요

깊고 맑은 바다색이 인상적인 칼로 데스 모로.

Platja del Port de Pollença
플라야 델 포르트 데 포엔사

포엔사 항구를 따라 길게 이어지며 매력적인 풍경을 자랑하는 해변. 앞에는 끝없는 바다가 펼쳐지고 뒤로는 높은 트라문타나 산맥이 자리하고 있다. 아름다운 풍경과 더불어 샤워장, 탈의실, 화장실 등 다양한 편의시설을 갖춰 매년 여름 수많은 관광객으로 붐빈다. 2미터 전후의 얕은 수심과 잔잔한 파도 덕에 아이와 함께하는 가족 단위 여행객이 모여든다. 북쪽 해변에는 종종 바람이 강하게 불어 윈드서핑을 즐기는 사람도 많은 편.

Ⓐ Passeig de Londres, 13, Pollença

가는 방법 → 팔마에서 차로 약 50분(60km) 소요
포엔사에서 차로 약 15분(7km), 310/322번 버스로 약 20분 소요

Platja d'Alcúdia
플라야 알쿠디아

총길이 약 7킬로미터로, 마요르카에서 가장 긴 해변이다. 해변을 따라 다양한 숙박시설과 레스토랑, 카페 등의 상업 공간이 즐비해 항상 인파로 붐비지만, 모래사장 폭이 평균 80미터로 상당히 넓어 많은 인원을 수용할 수 있다. 화장실, 넓은 주차장, 샤워실 등 편의시설이 마련되어 있는 것도 장점. 수심이 얕고 물이 맑을 뿐만 아니라, 해변 인근에 워터파크, 조류 탐조 스폿 등 다양한 즐길 거리가 있어 어린이 친화적인 해변으로 꼽힌다.

Ⓐ Carrer de Minerva, 27, Alcúdia

가는 방법 → 팔마에서 차로 약 50분(58km), 302번 버스로 1시간 15분 소요
알쿠디아에서 차로 약 10분(3km), 303/322번 버스 20분 소요

서부 지역

Port de Sóller
소예르 항구

마요르카 서부를 대표하는 해변. 트라문타나 산맥이 병풍처럼 뒤를 감싸고 눈앞에는 아름다운 해변이 넓게 펼쳐진다. 전통적인 어촌 마을의 정취를 간직한 해변을 따라 카페, 레스토랑, 상점이 늘어서 있다. 목재 트램이 마을과 항구를 오가는 모습은 이곳에서만 감상할 수 있는 특별한 풍경. 신선한 해산물을 활용해 전통 마요르카 요리를 선보이는 레스토랑부터 트렌디한 칵테일 바까지 먹을 곳이 많아 여행자에게 인기가 많다.

Ⓐ Port de Sóller, Sóller

가는 방법 → 팔마에서 차로 약 40분(30km), 204번 버스로 약 40분 소요
소예르에서 차로 약 15분(6km), 목재 트램으로 약 30분 소요

Sa Calobra
사 칼로브라

마요르카 북부 가파른 바위 절벽 사이에 위치한 작은 자갈 해변. 아름다운 해변 자체도 인상적이지만, 해변으로 이어지는 구불구불한 도로에서 마주하는 멋진 풍경 덕분에 수많은 관광객이 찾는 곳이다. 물이 맑고 잔잔해 가벼운 수영이나 스노클링을 즐기기에 좋다. 외딴 곳이라 선베드 같은 시설은 없지만, 해변을 따라 자리 잡은 레스토랑에서 여유롭게 식사를 즐길 수 있다. 보트 정박이 가능한 해변이라 보트 투어도 가능하다. 소예르 항구와 사 칼로브라를 오가는 노선이 대표 코스로, 현장 결제 후 탑승할 수 있다.

Ⓐ Sa Calobra, Escorca

가는 방법 → 팔마에서 차로 약 1시간 30분(70km) 소요
소예르에서 차로 약 1시간 10분(38km) 소요

Cala Banyalbufar
칼라 바니알부파르

마요르카 서부 지역에 자리한 독특한 형태의 자갈 해변. 모래사장이 길게 펼쳐지는 여느 해변과 달리, 가파른 절벽이 맑고 투명한 해변을 둥글게 감싸 색다른 분위기를 풍긴다. 오전 11시 무렵이면 해변 깊은 곳까지 햇빛이 스며들어 바닷물이 찬란하게 빛난다. 그 너머로는 도시를 감싸고 있는 계단식 과수원이 펼쳐져 다른 지역에서는 보기 어려운 독특한 풍경을 만들어낸다. 해변의 규모는 크지 않지만 물이 잔잔하고 얕아 수영과 스노클링을 즐기기에 좋다. 선베드, 화장실 등의 편의시설이 없으며 해변이 암석과 자갈로 이루어져 있어 아이들에게는 위험할 수 있다. 차로 이동할 경우, 해변 근처에 별도의 주차장이 없어 인근 마을 안에 차를 세워야 하는데, 도로가 좁고 주차 공간이 많지 않아 성수기에는 주의가 필요하다.

Ⓐ Cala Banyalbufar, Banyalbufar

가는 방법 → 팔마에서 차로 약 40분(30km), 202번 버스로 약 1시간 소요
발데모사에서 차로 약 30분(17km) 소요

부두에 늘어선 요트와
오가는 사람들로 가득한 소예르 항구.

Find Your Stay in Mallorca

취향대로 선택하는 마요르카의 숙소

어디에 머무느냐는 마요르카 여행을 완성하는 중요한 요소 중 하나다. 호화로운 하룻밤을 꿈꾸는 허니무너부터 아이와 함께하는 가족 단위 여행객까지, 마요르카에선 모두가 만족스러운 시간을 보낼 수 있다. 럭셔리 호텔과 올인클루시브 호텔은 물론이고, 아름다운 지중해를 품에 안은 해변 호텔, 로컬 감성 가득한 전통 농가 숙소, 취사가 가능한 아파트먼트까지, 여행의 목적과 취향에 맞춰 마요르카 여행을 즐길 수 있는 유형별 숙소를 소개한다.

Luxury Hotel

럭셔리 호텔

마요르카에는 글로벌 브랜드부터 로컬 감성을 살린 부티크 숙소까지 다양한 럭셔리 호텔이 있다. 섬의 지리적 특성을 살려 절벽이나 해변에 자리해 멋진 전망을 자랑하거나 옛 공간을 현대적으로 재해석한 곳 등 색다른 매력을 지닌 곳도 많다. 숙박비가 비싼 편이라 대다수의 여행자가 가성비 숙소와 럭셔리 숙소를 적절히 조합해 일정을 짜는데, 럭셔리 호텔의 서비스와 부대시설을 제대로 경험하려면 최소 2박 이상 머무는 것을 추천한다.

BEST 6

Cap Rocat
캡 로캣

팔마만의 고대 요새가 건축가 안토니오 오브라도르(Antonio Obrador)의 손길을 거쳐 5성급 호텔로 탄생했다. 국가기념물로 등재된 곳으로, 엄격한 규정에 따라 개조한 덕분에 고대 문화 유산을 잘 보존한 채 매력적인 안식처로 탈바꿈했다. 주변의 자연환경과 아름답게 조화를 이루어 호텔에 머무는 동안 해변과 절벽 등 마요르카의 절경을 감상할 수 있다. 영국 BBC 선정 '죽기 전 꼭 가봐야 하는 호텔'에 이름을 올리기도 했다. 캡 로캣에는 모든 것이 준비되어 있다 해도 과언이 아니다. 프라이빗 비치, 인피티니 풀, 자연광이 비치는 실내 온수풀, 스파, 멋진 뷰와 맛있는 음식이 있는 레스토랑, 프라이빗 조식까지 그 동안 꿈꿔온 여행의 로망이 실현되는 곳이다. 너른 부지에 단 30개 객실과 스위트룸을 갖춰 조용한 쉼을 원하는 허니무너에겐 최상의 호텔이라 할 수 있다. 부지 내 이동 시 버기나 자전거를 이용할 수 있지만, 시간 여유가 있다면 천천히 산책하며 곳곳을 둘러보길 추천한다. 팔마 시내에서 멀지 않은 칼라 블라바(Cala Blava) 해안 지역에 위치해 있고, 팔마 공항에서 차로 15분 소요된다. 보통 3월 중순에서 11월 초까지만 운영하고 특정 기간에는 예약 시 최소 숙박 일수가 적용되는 경우가 있으니 여행 전 운영 기간을 미리 파악하는 것이 좋다.

Ⓐ Ctra. d'enderrocat, s/n, Cala Blava-Llucmajor
Ⓦ caprocat.com

객실 타입
총 5개의 객실 타입이 있으며, 객실마다 구조와 형태가 다른 것이 특징이다. 개인 수영장을 갖춘 객실도 있다. 최상위 객실인 센티니얼(Sentinels)은 세상과 단절된 완벽한 프라이버시를 자랑하고, 절벽 아래 수영장과 테라스에서 탁 트인 지중해 풍경과 일몰을 감상할 수 있다.

웰니스 시설
캡 로캣의 웰니스 시설은 총 3개 구역으로 나뉜다. 돌을 깎아 만든 실내 온수풀은 12미터 높이의 천장에서 자연광이 내리쬐는 독특한 구조가 인상적. 야외에는 인피니티 풀과 투숙객만 이용 가능한 프라이빗 비치가 있는데 자연보호구역에 속해 있어 투명하고 깨끗한 바다색을 자랑한다.

추천 레스토랑
절벽 위에 자리한 레스토랑 시 클럽(Sea Club)에선 에메랄드빛 바다를 옆에 두고 식사를 할 수 있다. 전통적인 조리법으로 캐주얼한 메뉴를 선보이고 가벼운 점심 식사와 로맨틱한 저녁 식사, 모두 가능하다. 단품으로 주문할 수 있고 파에야 등 익숙한 메뉴도 많아 입맛에 따라 선택할 수 있는 것도 장점. 투숙객이 아니어도 식사가 가능한 곳이기 때문에 예약을 서두르는 것을 추천한다.

Cap Vermell Grand Hotel
캡 베르멜 그랜드 호텔

파크 하얏트 마요르카(Park Hyatt Mallorca)를 리뉴얼해 재탄생한 5성급 호텔. 여타 동급 호텔에 비해 숙박비가 저렴한 편이고 시설과 서비스도 훌륭해 럭셔리 호텔 중 가성비가 뛰어난 곳으로 사랑받는다. 마요르카 동부 카냐멜 계곡(Valley of Canyamel)에 자리하고, 규모가 상당히 큰 편이라 부지 내 이동편으로 버기를 제공한다. 여유가 있다면 아기자기하게 꾸민 빌리지 곳곳을 산책해보는 것도 좋다. 야외 수영장, 사우나, 복합 스포츠 센터 등 다양한 부대시설을 갖췄고 호텔 인근에 편의시설은 많지 않지만 무료 미니바(주류 포함)와 호텔 내 4개의 레스토랑이 이를 충분히 상쇄해준다. 잦은 이동보다는 호텔에 머무르며 오붓한 시간을 즐기는 것을 선호하는 커플에게 추천하는 곳. 예약 시 허니문 메시지를 남기면 스파클링 와인과 디저트를 제공하는 세심한 서비스도 누릴 수 있다. 팔마 공항에서 차로 1시간 소요된다.

🅐 Urb. Atalaya de Canyamel, Vial A, 12, Canyamel
🅦 capvermellgrandhotel.com/en

객실 타입
크게 주니어 스위트, 프레지덴셜 스위트, 빌라의 3개 카테고리로 나뉘고, 뷰와 위치에 따라 다시 3~4개의 객실 타입으로 구분된다. 전 객실에 프라이빗 테라스가 딸려 있어 고즈넉한 뷰를 즐기기에 좋다. 기본 객실 면적이 53제곱미터(약 16평)로, 넓은 편이다. 2인 기준, 자연 경관과 아기자기한 빌리지의 풍경을 즐길 수 있는 리조트 뷰 주니어 스위트룸을 추천한다.

부대시설
야외 수영장, 헬스장, 스파 시설 등 부지 내에 자리한 부대시설뿐만 아니라, 버기로 3분 거리에 자리한 컨트리 클럽 & 소셜 센터도 이용할 수 있다. 정규 규격의 실내 수영장과 테니스장, 넓은 규모의 헬스장을 갖췄고 다양한 GX 프로그램도 운영해 휴식과 함께 스포츠와 레저를 즐길 수 있다.

추천 레스토랑
보로(VORO)는 마요르카에서 유일하게 미쉐린 가이드 2스타를 획득한 레스토랑으로, 신선한 지중해 요리를 선보인다. 일출부터 일몰까지 시간의 흐름을 콘셉트로 테이스팅 메뉴를 내는데, 15가지 요리가 나오는 보로(Voro, 1인 190유로)와 20가지 요리로 구성된 데보로(Devoro, 1인 255유로) 중 선택할 수 있다. 300여 종의 와인 리스트를 갖추고 있어 페어링도 다양하게 즐길 수 있다. 드레스 코드는 스마트 캐주얼 복장이고 반바지 착용 시 입장이 어렵다. 미쉐린 레스토랑인 만큼 투숙객 외 방문객도 많기 때문에 식사를 원한다면 서둘러 예약하는 것을 추천한다(예약금 1인 150유로). 참고로, 실험적인 요리도 포함돼 있어 평소 낯선 음식을 즐기지 않는다면 호불호가 갈릴 수 있다.

Jumeirah Mallorca
주메이라 마요르카

소예르 항구가 한눈에 내려다보이는 절벽 위에 위풍당당하게 자리 잡은 5성급 호텔. 세계적인 럭셔리 리조트 브랜드 주메이라 그룹이 운영하는 호텔답게 웅장한 규모와 훌륭한 서비스를 자랑한다. 마요르카를 대표하는 두 가지 매력, 반짝이는 지중해와 트라문타나 산맥을 동시에 즐길 수 있는 훌륭한 입지도 장점. 특히 파노라마로 펼쳐지는 지중해를 바라보며 즐기는 조식은 놓치면 안되는 경험이다. 차로 항구까지 5분, 마을까지 10분 거리로, 관광과 조용한 휴식이 완벽하게 균형을 이룬 여행이 가능하다.
더불어, 호텔에서 운영하는 다양한 체험 프로그램은 마요르카를 깊이 경험할 수 있는 기회를 제공한다. 색다른 여행 경험을 원한다면 마요르카의 숨막히는 풍경을 하늘 위에서 감상할 수 있는 헬기 투어를 추천한다. 팔마 공항에서 호텔까지는 차로 40분 소요된다. 소예르 항구와 인접해 있지만, 절벽 위에 자리해 항구에서 도보 이동은 힘들고 항구와 호텔을 오가는 셔틀 서비스를 이용해야 한다. 4월 초부터 11월 초까지 운영하는데, 세부 일정은 매년 달라지니 미리 확인하는 것이 좋다.

Ⓐ Carrer de Bèlgica, S/N, Port de Sóller
Ⓦ www.jumeirah.com/en/stay/mallorca/jumeirah-port-soller-hotel-and-spa

객실 타입
총 14개 타입의 객실을 갖췄고, 전망은 트라문타나 뷰와 지중해 뷰로 나뉜다. 바다가 보이는 객실이 상대적으로 가격대가 높은 편인데, 만족도는 트라문타나 산맥가 바라보이는 객실도 뒤지지 않는다. 기본 객실부터 2 베드룸으로 구성된 빌라까지 선택의 폭이 다양해 허니무너와 가족 단위 여행객 모두에게 적합하다.

부대시설
주메이라 그룹이 운영하는 공식 스파 브랜드 탈리스 스파(Talise Spa)는 습식·건식 사우나와 야외 자쿠지 등을 갖춘 고급 웰니스 시설이다. 시그니처 마사지를 비롯해 다양한 트리트먼트 프로그램을 제공한다. 그중에서도 온열요법을 경험할 수 있는 하이드로테라피 서킷(Hydrotherapy Circuit)은 트라문타나 산맥을 바라보며 여유로운 시간을 보낼 수 있어 적극 추천한다. 이외에 성인 전용으로 운영하는 인피니티 풀을 포함해 2개의 수영장을 이용할 수 있다. 수영장에 몸을 담그면 바다에서 하늘까지 하나로 연결되는 절경이 펼쳐지고 해 질 무렵에는 낭만적인 석양을 감상할 수 있다.

추천 레스토랑
에스 파날스(Es Fanals)는 전통적인 조리 기법에 현대 기술을 접목해 마요르카의 진정한 풍미를 선보이는 곳이다. 코스 메뉴가 1인 110~130유로로, 5성급 호텔 레스토랑인 것을 감안하면 합리적인 편. 와인 페어링(75~95유로)도 즐길 수 있다. 성인 전용 인피티니 풀 구역에 자리해 조용하고 로맨틱한 저녁 식사를 원하는 커플에게 특히 추천한다. 드레스 코드는 스마트 캐주얼이다.

La Residencia, A Belmond Hotel
라 레지덴시아, 벨몬드 호텔

마요르카 서부의 작은 마을 데이아(Deià)에 위치한 최고급 호텔로, 캡 로캣과 더불어 허니무너에게 꿈의 호텔로 여겨지는 곳. 트라문타나 산맥이 병풍처럼 감싼 산악 지역에 자리해 고즈넉함을 느끼기에 최적의 위치. LVMH가 소유한 최고급 호텔 브랜드 벨몬드만의 매력에 마요르카의 감성을 더해 구석구석까지 섬세하게 관리하고 있다. 덕분에 상당수의 투숙객에게 '다시 찾고 싶은 호텔'이라는 호평을 얻고 있다. 하나의 작은 마을이라 해도 과언이 아닐 만큼 부지 규모가 방대하고 다양한 부대시설과 프로그램을 갖춰 온종일 호텔에 머물러도 지루할 틈이 없을 것이다. 팔마 공항에서 차로 40분 정도 걸리고, 영업 기간은 보통 3월 중순부터 11월 중순까지다.

Ⓐ Carrer son Canals, Deià
Ⓦ www.belmond.com/hotels/europe/mallorca/deia/belmond-la-residencia

객실 타입
일반 객실부터 스위트 & 빌라까지 4개의 카테고리로 나뉘며, 뷰와 위치에 따라 2~4개의 객실 타입이 있다. 기본 객실인 클래식 더블룸은 면적이 25제곱미터(약 7.5평)로 아담한 편이지만, 클래식한 가구와 화이트 톤의 침구로 꾸며 안락하고 차분한 분위기다. 스위트룸부터는 침실과 거실이 분리되고 성인 기준 최대 3인(혹은 성인 2인, 아동 2인)까지 숙박 가능한 객실도 있어 가족 여행에도 적합하다.

부대시설
편안한 휴식을 위한 스파 시설, 수영장, 자쿠지 등이 마련돼 있는데, 하이라이트는 야외 수영장이다. 녹음이 짙은 산 아래 자리해 선베드에 누워만 있어도 그 자체로 완벽한 휴식을 경험할 수 있다. 살랑이는 바람과 자연의 소리가 더해져 마치 지상 낙원에 있는 듯한 느낌이다.

추천 레스토랑
11세기 초로 거슬러 오르는 마요르카의 고대 왕국 타이파 마유르카(Taifa Mayurqa)에서 영감을 받은 미쉐린 레스토랑 엘 올리보(El Olivo)가 이곳에 있다. 완벽한 균형을 이룬 음식을 선보이는 곳. 4종류의 코스 메뉴(1인 기준 145~210유로) 중 선택할 수 있고 단품 메뉴도 주문 가능하다. 긴 식사 시간이 부담스럽거나 새로운 맛에 대한 도전이 망설여진다면 코스 메뉴보다 단품 메뉴를 주문하는 것이 낫다. 엘 올리보는 맛도 훌륭하지만 마요르카에서 가장 로맨틱한 분위기로도 유명하다. 따뜻한 빛이 감도는 조명 아래 야외 테이블에서 즐기는 저녁 식사는 마요르카 여행 중 최고의 순간으로 기억될 것이다. 투숙객뿐만 아니라 일반 방문객도 많은 편이기 때문에 숙박 예약 시 함께 예약하는 것이 좋다. 스마트 캐주얼 복장으로 방문해야 한다.

포시즌스 리조트 마요르카 앳 포르멘토르.

Four Seasons Resort Mallorca at Formentor
포시즌스 리조트 마요르카 앳 포르멘토르

마요르카 섬 최초의 포시즌스 호텔로, 2024년 8월 오픈했다. 1929년 설립 이후 수많은 유명인사가 다녀간 유서 깊은 호텔 포르멘토르(Hotel Formentor)의 유산을 간직한 채 과거와 현재를 잇고 있다. 섬 최북단의 포르멘토르 반도, 플라야 데 포르멘토르 인근에 위치한 유일무이한 호텔로, 존재만으로도 신비로운 분위기를 자아낸다. 총 110개 객실을 보유하고 있으며, 전 객실 테라스를 갖춰 편안하게 멋진 전망을 감상할 수 있다. 최신식 시설과 훌륭한 서비스를 바탕으로 마요르카를 대표하는 럭셔리 호텔로 거듭날 것으로 기대를 모은다. 팔마 공항에서 차로 약 1시간 떨어져 있다.

Ⓐ Carrer de Formentor, s/n
Ⓦ www.fourseasons.com/mallorca

Can Ferrereta
칸 페레레타

17세기 마요르카 대저택의 건축 구조를 최대한 보존한 채 모던한 인테리어를 더해 전통 건축 양식과 현대적 감각을 동시에 느낄 수 있는 곳. 아이보리빛 돌과 목재, 모래 등 자연 친화적 소재를 사용해 차분하면서도 아늑한 분위기를 풍긴다. 호텔 곳곳을 장식한 현지 장인이 만든 가구와 호안 미로를 비롯한 예술가들의 작품도 눈길을 끈다. 옛 저택을 개조했기 때문에 객실마다 구조와 형태가 조금씩 다른 것이 특징. 총 32개의 객실만 갖춰 야외 수영장을 비롯해 호텔 내 부대시설을 여유롭게 이용할 수 있다. 친절하고 세심한 서비스와 차분한 분위기를 만끽하며 호캉스를 즐기고 싶은 커플 여행객에게 추천한다. 섬 남동쪽 산탄니 마을에 자리하고, 칼로 데스 모로가 차로 15분 거리에 있다.

Ⓐ Carrer de Can Ferrereta, 12, Santanyí
Ⓦ www.hotelcanferrereta.com/en

find your stay in mallorca

Beach Hotel

해변 호텔

섬 여행의 가장 큰 매력은 단연 해변이 아닐까? 큰 수고를 들이지 않고도 지중해의 황홀한 풍광을 즐기고 싶다면 해변을 마주한 호텔에서 숙박하는 것을 추천한다. 동부 지역의 해변 호텔에선 아름다운 일출이, 서부 지역의 해변 호텔에서는 낭만적인 일몰이 여행자를 기다린다. 프라이빗 해변을 품은 호텔에선 객실에서 수영복을 입고 단 몇 걸음만 걸어 나가 곧장 바다로 뛰어들 수도 있다.

BEST 5

Alua Soul Mallorca Resort
알루아 소울 마요르카 리조트

마요르카 동남쪽에 위치한 4성급 호텔로, 차로 25분 거리에 있는 칼로 데스 모로를 포함해 마요르카의 대표 해변과 인접해 있다. 특히 칼라 에고스(Cala Egos)는 호텔 부지 내에 위치해 있어 최상의 접근성을 자랑한다. 프라이빗한 해변과 3개의 수영장, 다양한 부대시설을 갖추고 있으며 올인클루시브 옵션도 선택 가능하다. 가족 단위 여행객에 초점을 맞춘 올인클루시브 리조트와 달리 알루아 소울은 만 16세 이상부터 투숙 가능한 성인 전용 호텔로, 오붓한 시간을 보내고자 하는 커플에게 추천한다. 팔마 공항에서 차로 50분 정도 걸린다.

Ⓐ Av. de Cala Egos, s/n, Cala D'or
Ⓦ www.hyattinclusivecollection.com/en/resorts-hotels/alua-hotels/majorca/mallorca-resort-adults-only

Gruphotel Molins
그룹호텔 몰린스

포옌사 인근에 자리한 해변 칼라 몰린스(Cala Molins) 앞에 자리한 5성급 호텔. 아담한 에메랄드빛 해변은 투숙객 전용으로 프라이빗하게 이용 가능하다. 야외 수영장과 조식을 제공하는 레스토랑 모두 해변을 마주하고 있어 머무는 내내 어디서나 풍경을 즐길 수 있다. 일출 명소로 유명한 포르멘토르 곶 전망대가 차로 1시간, 미라도르 데 에스 콜로메르(Mirador de Es Colomer)는 30분 거리에 있어 일출을 감상하고 싶다면 적극 추천한다. 참고로 호텔 주변에 레스토랑이 많지 않기 때문에 조식과 석식이 포함된 하프보드 옵션으로 예약하는 것이 편리하다.

Ⓐ C/ Cala Molin, s/n, Cala Sant Vicenç
Ⓦ grupotel.com/de/hotels/mallorca/cala-san-vicente/molins

한적한 분위기 속 지중해의 여유를 만끽할 수 있는 그룹호텔 몰린스 앞 해변.

↑ 닉세 팰리스의 스파 시설.
↑ 해변으로 바로 이어지는 닉세 팰리스.

Hospes Maricel & Spa
호스페스 마리셀 & 스파

마요르카 서남부의 해변 플라야 카스 카탈라(Platja Cas Català) 인근에 위치한 호스페스 마리셀 & 스파는 16~17세기 저택을 개조해 문을 연 5성급 호텔이다. 대리석과 돌 등의 자재와 신전 기둥을 활용해 지은 팰리스 건물과 목재를 주로 사용해 뉴트럴 톤의 모던한 분위기를 풍기는 신식 나투라 건물로 이루어져 있다. 팰리스 건물 앞으로 펼쳐지는 드넓은 지중해의 풍광과 바다를 앞에 두고 자리한 인피니티 풀은 이곳의 하이라이트. 수영장과 바다가 하나로 이어진 듯 보여 마치 바다에 몸을 담그고 있는 것 같은 인생샷을 남길 수 있다. 한쪽에 바다로 이어지는 계단이 마련돼 있어 수영장과 바다를 넘나들며 수영을 즐기는 것도 가능하다. 팔마 시내에서 차로 10분 떨어져 있고, 108번 버스가 호텔과 시내를 연결한다.

Ⓐ Ctra. Andratx, 11, Palma
Ⓦ www.hospes.com/en/maricel-spa

Nixe Palace
닉세 팰리스

팔마 인근의 해변 칼라 마요르(Cala Major)를 마주하고 있는 5성급 호텔이다. 호텔에서 해변까지 계단으로 연결돼 있어 편하게 오갈 수 있고 해변에서 호텔로 향하는 초입에 작은 샤워실이 마련돼 있다. 허니무너 사이에서 맛집으로 유명한 일 파라디소 (Il Paradiso)가 도보 5분 거리라 부담 없이 술 한 잔 곁들인 저녁 식사를 즐길 수 있는 것도 장점이다. 인근에 수상 스포츠를 즐길 수 있는 항구와 다양한 레스토랑이 자리해 활기 넘친다. 조용한 휴식을 선호하는 여행자에겐 추천하지 않는 편. 호텔에서 팔마 시내까지 차로 10여 분 걸리고, 108번 버스를 타면 20분 정도 소요된다.

Ⓐ Avinguda de Joan Miró, 269, Ponent, Palma
Ⓦ www.hotelmallorcanixepalace.com/en

ICON Valparaíso
아이콘 발파라이소

마요르카 동부에 위치한 4성급 호텔로, 칼로 데스 모로와도 멀지 않아 섬 동부 여행의 거점으로 삼기 좋다. 호텔에 머물면서 지중해의 아름다운 해변을 마음껏 즐길 수 있는 것이 가장 큰 매력 포인트. 전용 통로를 이용해 2분만 걸어가면 백사장이 아름다운 해변 칼라 도밍고스(Cala Domingos)에 닿는다. 바다 수영을 좋아하는 이들에겐 더할 나위 없는 곳. 가장 상위 객실인 바다 전망의 스위트룸에선 침대에서 편안하게 일출을 감상하고 바다가 보이는 전용 테라스에서 경치를 조망하는 특권을 누릴 수 있어 예약 경쟁이 치열하다.

Ⓐ Carrer Aragó, 28, Manacor
Ⓦ www.iconvalparaiso.com/en

Agriturismo

아그리투리스모

아그리투리스모는 이탈리아어로 농업(agricoltura)과 관광(turismo)의 합성어로, 농가 민박을 포함해 현지 시골 감성을 느낄 수 있는 숙박 시설을 가리킨다. 호텔과 비교하면 편의성은 떨어질 수 있지만, 숙소마다 고유의 분위기가 있고 현지 문화를 좀 더 가까이서 느낄 수 있는 것이 장점이다. 텃밭 농작물로 차려주는 소박한 아침 식사를 즐기고, 마요르카의 꾸미지 않은 자연을 마주할 수 있는 것도 매력. 산속 작은 마을에 위치한 경우가 많아 조용한 쉼을 선호한다면 만족도 높은 경험이 될 것이다.

BEST 5

Finca Ca's Sant
핀카 카스 산트

트라문타나 산맥 아래, 700여 그루의 오렌지 나무와 레몬 나무, 200여 그루의 올리브 나무가 반겨주는 아그리투리스모. 750년간 대를 이어 가꿔온 세월의 흔적이 그대로 남아 있는 곳이다. 오래된 농가를 개조해 전통적인 마요르카 분위기와 현대적인 편리함을 모두 느낄 수 있다. 홈메이드 조식과 그리스 신전을 연상시키는 야외 수영장이 이곳의 매력 포인트. 소예르 마을이 도보 7분 거리에 있어 관광과 휴양, 두 가지 요소를 함께 충족시킬 수 있다. 성인 전용 아그리투리스모로, 허니무너에게 특히 인기 있는 곳이라 예약을 서두르는 것이 좋다.

Ⓐ Camí de ses Fontanelles, 34, Sóller
Ⓦ cas-sant.com

객실 타입
4가지 타입의 객실 총 13개를 보유하고 있다. 부지 면적에 비해 객실 수가 많지 않아 여유롭게 휴식을 즐길 수 있다. 지중해 스타일로 꾸민 객실에선 아름다운 소예르의 풍경이 펼쳐진다.

부대시설
부지 내 2개의 수영장이 있다. 그중에서도 웅장한 기둥에 둘러싸인 수영장은 이곳을 대표하는 랜드마크다. 수영장 뒤편으로 트라문타나 산맥이 펼쳐져 포토 스폿으로도 인기 있다.

조식
매일 아침 7~10시에 농장에서 직접 재배한 식자재로 만든 건강한 조식이 제공된다. 토스트, 수제 오렌지 잼, 크루아상, 과일, 요거트, 커피, 신선한 주스, 달걀 요리 등으로 구성되는데, 그중 수제 오렌지 잼은 소예르의 대표 특산품이니 꼭 맛보길 추천한다.

즐길 거리와 추가 혜택
신선한 소예르산 오렌지를 맛볼 수 있는 30분짜리 오렌지 투어(1인 15유로)를 운영하고, 소예르 시내에 자리한 직영 빵집 라 콘피앙카(La Confiança)에서는 투숙객에게 10퍼센트 할인 혜택을 제공한다.

© Finca Ca's Sant

© Alqueira Blanca

Alqueira Blanca
알케리아 블랑카

부뇰라(Bunyola) 지역에 자리한 아그리투리스모로, 농업과 축산업을 위한 옛 건물의 형태가 그대로 보존돼 있다. 중세의 작은 궁전을 연상시키는 건물은 12세기로 거슬러 오르는 긴 역사를 자랑하고, 무채색 외관에 샛노란 창틀이 시선을 사로잡는다. 외관은 전통적인 형태를 유지하고 있지만 내부 시설은 현대적으로 개조되어 편안한 숙박이 가능하며, 트라문타나 산맥 자락에 위치해 자연 속에 머무르는 듯한 느낌이 든다.
한때 이곳은 트리문타나 지역의 고품질 올리브오일이 생산되던 공장이었다. 당시의 흔적을 엿볼 수 있는 석조 오일 압착기의 일부가 남아 있다. 부지 주변으로 다양한 난이도의 트레킹 코스가 펼쳐져 야외 활동을 즐기기에도 좋다. 평소 바다보다 산, 도시보다 시골을 선호하는 이들에게 추천하는 곳으로, 소예르나 발데모사까지 차로 20분이면 갈 수 있다.

🅐 Ma-11, Km. 13,6, Bunyola
🆆 https://www.alqueria-blanca.com

객실 타입
다른 아그리투리스모에 비해 규모가 큰 편이며 다양한 타입의 객실 12개와 아파트먼트 1개로 이루어져 있다. 특히 테라스가 있는 2개의 객실은 주변 풍광을 감상하기에 좋아 빠르게 마감되는 편이다.
사 카세타(Sa Caseta)는 침실 2개를 보유한 아파트먼트형 객실로, 가장 면적이 넓다. 공용 공간과 주방 시설, 프라이빗 정원을 갖춰 편안하고 독립된 휴식을 즐기기에 좋고, 가족 여행 시 적합하다.

부대시설
부지 내에 아담하게 자리 잡은 수영장은 트라문타나 산맥의 거친 암벽을 감상하기에 최적의 장소다. 수영장 주변에는 다양한 수목과 일광욕을 즐길 수 있는 선베드, 파라솔이 어우러져 있다. 연중 내내 오픈하지만 온수풀이 아니기 때문에 겨울 시즌에는 이용이 어렵다.

조식
매일 오전 8시 30분부터 10시 30분까지 트라문타나 산맥의 탁 트인 전망이 펼쳐지는 테라스에서 조식을 즐길 수 있다. 신선한 현지 식자재를 활용한 마요르카식 아침 식사가 한 상으로 제공된다. 토스트, 샌드위치, 샐러드, 과일, 요거트 등과 함께 원하는 달걀 요리를 주문할 수 있다.

즐길 거리와 추가 혜택
부뇰라 마을의 레스토랑과 협업해 매주 월요일과 금요일, 정원에서 저녁 식사 서비스를 제공한다 (단, 11~12월에는 금요일과 토요일에 실내 다이닝 룸에서 식사 제공). 마요르카 전통 음식이 주를 이루며, 플레이트당 15~30유로 선. 스테이크는 무게에 따라 금액이 책정된다. 숙소에 머물며 현지 미식을 여유롭게 즐길 수 있는 기회다. 식사를 원하는 경우 당일 정오까지 리셉션을 통해 예약하면 된다.

Son Viscos
손 비스코스

발데모사 중심부에서 살짝 벗어나 한적한 곳에 위치한 아그리투리스모. 마요르카의 역사에서 중요한 부분을 차지하는 무어 양식의 건축물이 인상적이다. 투박해 보이는 외관과 달리 객실마다 에어컨, 공기청정기 등의 최신 설비를 갖췄고 무선 인터넷을 제공해 자연 속 여유로움을 느끼며 안락한 휴식이 가능하다. 발데모사 마을까지 차로 5분, 도보로 20분 정도 소요되는데, 마을 내 주차 공간이 여유 있는 편이 아니므로 낮 시간대에는 산책 삼아 걸어가는 것을 추천한다. 체크인 방법은 숙박 예약 시 이메일을 통해 안내해준다. 숙소에 직원이 상주하지 않기 때문에 머무는 동안 전화 연락이 필요할 수도 있다.

Ⓐ Carrer de Camí Antic a Palma, 15, Valldemossa
Ⓦ sonviscos.net

객실 타입
서로 다른 스타일로 꾸민 5개의 객실이 있다. 화이트 톤의 깔끔한 인테리어가 돋보이고 일반적인 호텔 객실보다 면적이 넓은 것이 장점이다. 테라스가 딸린 객실에서는 트라문타나 산맥이 마주보인다.

조식
매일 아침 9~11시 사이, 2층에 마련된 조식 공간에서 제공된다. 현지 식자재를 활용한 다양한 마요르카 음식을 맛볼 수 있다. 즉석에서 조리해주는 달걀 요리, 눈앞에 있는 오렌지로 착즙한 오렌지주스 등 소박하지만 신선한 식자재의 맛이 고스란히 느껴지는 건강한 메뉴로 구성돼 있어 마치 현지인의 가정집에 초대받은 듯한 느낌이 든다. 날씨가 좋을 때는 야외 공간에서 트라문타나 산맥을 바라보며 식사를 즐기는 것도 가능하다.

↑ 나 마르티나의 외부 전경.

Finca Sa Canova
핀카 사 카노바

마요르카 동남부의 캄포스(Campos) 인근에 위치한 아그리투리스모. 자연 친화적인 따뜻한 분위기가 인상적인 곳으로, 17세기 마요르카 전통 농가의 형태를 그대로 유지한 채 내부를 현대적으로 리모델링했다. 팔마 공항에서 차로 20분 거리로, 접근성도 좋은 편. 먼 거리를 이동하지 않고 목가적인 분위기의 숙소에서 머물고 싶다면 눈여겨볼 만하다. 특히 마요르카 남동부의 크고 작은 해변과 인접해 있어 이들 지역을 방문할 계획이라면 최적의 위치다.

Ⓐ Carraterra LLumajor-Campos 33, 6, Campos
Ⓦ fincasacanova.com

Agroturismo Na Martina
아그리투리스모 나 마르티나

마요르카 동남부의 산탄니 지역에 위치한 아그리투리스모. 시골 농가 주택을 현대적으로 개조한 곳으로, 한적한 분위기에서 휴식을 즐기고 싶다면 추천한다. 3대가 함께 운영을 하고 있으며 호스트의 친절하고 세심한 서비스 덕분에 높은 만족도를 자랑하는 곳이다. 숙소 뒤편에 다양한 동물과 식물을 볼 수 있는 농장이 자리하고, 남부의 아름다운 해변도 가깝다. 그중 플라야 데 산탄니(Platja de Santanyí)는 도보 15분 거리에 있어 언제든지 오갈 수 있다. 바게트와 과일, 물이 포함된 피크닉 서비스를 신청할 수 있어 해변 방문 시 이용하면 편리하다.

Ⓐ Cala Mondrago, Ctra, s/n, Portopetro, Balearic Islands
Ⓦ namartina.com

객실 타입
총 12개의 객실은 시골 농가의 소박한 매력과 편리함을 동시에 누릴 수 있도록 리노베이션했고, 모든 객실에서 주변 풍광을 감상할 수 있다. 간이 주방이 딸린 아파트먼트형 독채 카시타 그라나다(Casita Granada)도 있어 현지인처럼 생활해보는 머무는 여행도 가능하다.

부대시설
아담한 규모의 야외 수영장이 있고 주변으로 푸른 잔디밭이 펼쳐져 싱그러운 분위기다. 매일 오전 8시부터 오후 8시까지 이용 가능하고 선베드와 파라솔도 마련돼 있다.

조식
매일 오전 8시 30분부터 10시까지 유기농 식자재로 준비한 조식이 뷔페식으로 제공된다. 신선한 음식과 알찬 메뉴 구성이 장점이다.

객실 타입
3가지 타입의 총 12개 객실이 있다. 모든 객실에 개별 테라스가 딸려 있어 산 또는 바다 전망을 즐길 수 있다.

부대시설
겨울 비수기를 제외하고 야외 수영장을 운영한다. 물놀이 장비도 마련돼 있다.

조식
매일 오전 9시부터 11시까지 현지 식자재를 활용한 다양한 요리를 뷔페식으로 제공된다.

즐길 거리와 추가 혜택
숙소 내 레스토랑 세스 부에레스(Ses Boueres)에서 다양한 마요르카 전통 요리를 즐길 수 있다. 월·수·금요일 저녁 코스 요리를 제공하고 비용은 1인 기준 40유로 선이다.

find your stay in mallorca

All-Inclusive Hotel

올인클루시브 호텔

올인클루시브 호텔은 여기저기 돌아다니는 것보다 호텔에 머물며 푹 쉬는 여행을 선호하는 이들에게 제격이다. 일반적으로 호텔 내 3~5개의 레스토랑이 자리해 호텔을 벗어나지 않고도 다양한 음식을 즐길 수 있고, 남녀노소 다양한 취향을 고려한 액티비티와 레저 프로그램, 엔터테인먼트를 제공해 지루할 틈 없는 시간을 보낼 수 있다.

BEST 2

Zafiro Palace Alcudia
자피로 팰리스 알쿠디아

팔마 공항에서 차로 40분 정도 떨어진 마요르카 북부의 알쿠디아 항구에 위치한 5성급 호텔. 도보로 항구까지 10분, 마을까지 20분이면 갈 수 있어, 주변 관광을 즐기고 싶은 여행자에게 추천한다. 성인과 어린이 전용 구역을 구분해 놓은 덕분에 커플이나 가족 단위 여행객 모두에게 적합하다. 호텔 내 자리한 4개의 고급 레스토랑과 1개의 뷔페 레스토랑은 투숙객만 이용 가능하며, 사전 예약은 필수다. 리조트 내 수영장은 총 4개. 그중 어린이용 야외 수영장에는 해적선, 워터 슬라이드, 놀이터 등 다양한 놀이시설이 마련돼 있다.

- Ⓐ Carrer del Camí Reial Al Moll, Alcúdia
- Ⓦ www.zafirohotels.com/en/hotels/zafiro-palace-alcudia

올인클루시브 서비스
1. 자전거 대여 및 보관 서비스, 관련 용품 판매, 차로 5분 거리에 위치한 골프 알칸다(Golf Alcanda) 예약 지원
2. 어린이를 위한 워크숍, 춤, 공예 활동 등의 다양한 프로그램(비수기 시즌에는 미운영)

레스토랑
1. 마요르카 식자재로 지중해식 요리를 선보이는 엘 올리보(El Olivo)
2. 캐주얼 이탈리안 다이닝 엘 포르티코(El Pórtico)
3. 캐주얼 일식 다이닝 테이스트 & 스시 바(Tastes & Sushi Bar)
4. 바비큐 전문 레스토랑 라 베란다(La Veranda)
5. 올데이 뷔페 레스토랑 마켓 뷔페(Market Buffet)
* 숙박 기간 동안 각 레스토랑에서 저녁 식사 1회 이용 가능
* 마켓 뷔페를 제외한 레스토랑은 성수기(5~10월)에만 운영

Iberostar Waves Club Cala Barca
이베로스타 웨이브 클럽 칼라 바르카

마요르카 남동부 산탄니 지역 인근에 위치한 대형 리조트로, 축구장 10개를 합친 것보다 넓은 규모를 자랑한다. 2인실부터 취사 시설이 딸린 아파트먼트형 객실까지, 여행 스타일에 따라 선택할 수 있도록 총 600개 이상의 객실을 갖췄다. 세계 각지의 요리를 제공하는 레스토랑 5개가 자리하고, 10개의 수영장 중 5개가 어린이 전용이라 어린 자녀를 동반한 가족 단위 여행객이라면 눈여겨볼 만하다.

- Ⓐ Sa Barca Trencada, S/N, Carrer de la Barca Trencada, 18D, Barca Trencada
- Ⓦ www.iberostar.com/en/hotels/majorca/iberostar-waves-club-cala-barca

올인클루시브 서비스
1. 매일 저녁 진행되는 라이브쇼
2. 축구장, 배구장, 테니스장, 수영장 등에서 진행되는 스포츠 및 액티비티 프로그램
3. 어린이를 위한 다양한 활동과 액티비티를 제공하는 스타 캠프(Star Camp)

레스토랑
1. 하루 종일 전 세계 음식을 제공하는 발레아레스 뷔페 레스토랑(Baleares Buffet Restaurant)
2. 점심·저녁 식사가 가능한 아가베 멕시칸 레스토랑(Agave Mexican Restaurant)
3. 조식·석식을 제공하는 마요르카식 뷔페 레스토랑 에스 몰리 메디테리안 레스토랑(Es Molí Mediterranean Restaurant)
4. 점심·저녁에 바비큐를 즐길 수 있는 비치 하우스 레스토랑(Beach House Restaurant)
5. 간단한 음식과 디저트를 제공하는 3대의 푸드 트럭

Apartment

아파트먼트

마요르카를 여행하다 보면 신선한 해산물과 과일 등 섬의 풍성한 식자재로 직접 요리를 해보고 싶다는 생각이 들기도 하고, 이따금 한식이 그리워지는 순간도 있을 터. 그럴 때 추천하는 숙소가 바로 조리 시설이 딸린 아파트먼트다. 체크인과 체크아웃이 편리하고 짐 보관 서비스도 제공하는 등 호텔식 서비스를 제공하는 아파트먼트를 골라 소개한다.

BEST 3

Apartment Sa Tanqueta de Fornalutx
아파트먼트 사 탄케타 데 포르날루츠

소예르 인근 트라문타나 산맥에 위치한 성인 전용 아파트먼트형 호텔로, 한적하고 조용한 분위기가 특징이다. 호텔이 위치한 포르날루츠는 팔마 공항에서 차로 40분 정도 떨어진 곳으로, 마요르카 전통 마을의 아기자기한 모습을 그대로 간직하고 있다. 총 14개의 객실 중 11개 객실에 트라문타나 산맥을 감상할 수 있는 테라스가 딸려 있고, 야외 수영장과 선베드를 갖춰 산맥에 둘러싸인 채 물놀이와 일광욕을 즐길 수 있다. 대부분의 객실이 2인실이라 커플에게 추천한다. 3~10월에만 운영하며, 일부 기간을 제외하면 최소 3박 이상 숙박이 필수라 예약 전 운영 기간과 조건을 확인해야 한다. 숙소 내 레스토랑은 없으나 별도 요청 시 현지 식자재로 만든 조식 뷔페를 제공한다.

- Carrer Sant Bernat, 4, Fornalutx
- sa-tanqueta.com/en

Portomar Apartments
포르토마르 아파트먼츠

마요르카 동부의 작은 어촌 포르토마르에 위치한 아파트먼트형 호텔. 항구와 인접해 있으며 프라이빗 비치와 지중해가 바라보이는 야외 수영장, 사우나 등 다양한 부대시설이 마련돼 있다. 총 79개의 객실을 갖췄는데, 1 베드룸 아파트먼트부터 최대 7인까지 숙박 가능한 4 베드룸 아파트먼트까지 선택의 폭이 넓은 것도 장점이다. 숙소 내에 레스토랑은 없지만, 조식 뷔페를 제공하고, 현지 와인과 타파스를 즐길 수 있는 디 바(D.Bar), 지중해식 레스토랑 칼립소(Calipso) 같은 인근 레스토랑과 바 예약 서비스도 이용할 수 있다. 팔마 공항에서 차로 50분 소요된다.

- Carrer d'Hernan Cortés, 22, Portocolom
- www.portomarapartments.com/en/

Samaritana Suites
사마리타나 스위츠

팔마 중심부에 위치한 부티크형 아파트먼트 호텔. 시내 주요 관광지가 도보 10분 거리에 모여 있고 도보 15분 거리에 버스터미널이 있어 뚜벅이 여행객에게도 추천할 만하다. 인근의 포사다 테라 산타(Posada Terra Santa) 호텔과 연계해 스파와 피트니스 센터 등의 부대시설 이용과 조식 서비스를 제공한다(사전 예약 필수). 깔끔하고 현대적인 분위기에 아늑함을 더한 객실은 총 3개의 타입으로 나뉘며, 2인이 머물기에 적당한 규모다. 옥상에 위치한 공용 테라스에서는 팔마 대성당과 항구의 경치를 감상할 수 있다.

- Carrer del Pes de la Farina, 2, Centre, Palma
- samaritanasuites.com/en

마요르카 로컬의 맛

풍부한 일조량과 해양 자원을 바탕으로 생산된 스페인의 품질 좋은 식자재는 전 세계 미식가의 사랑을 받는다. 스페인 사람들은 또 어떤가? 하루 다섯 끼도 마다하지 않을 만큼 진정한 미식가이자 대식가로 불린다. 마요르카는 여기에 섬이라는 특수성이 더해져 한층 더 풍요로운 식문화를 자랑한다. 신선한 농산물과 해산물, 전통 요리법과 저장 방식이 빚어낸 마요르카의 특별한 맛을 소개한다.

Flavors of Mallorca

↑ 스페인의 전통 육가공품 소브라사다.
↘ 마요르카의 전통 빵 엔사이마다.

Sobrasada
소브라사다

지방이 풍부한 마요르카산 돼지고기에 소금, 후추, 붉은 파프리카 등으로 양념한 후 발효한 생소시지. 습한 날씨 속에서 돼지고기의 저장성을 높이고 부패를 방지하기 위해 1403년부터 만들기 시작했다. 고기가 흔하지 않던 시절, 마요르카의 주 단백질 공급원이었던 돼지고기를 소스나 스프레드 형태로 발라먹던 식문화에서 비롯됐다. 호텔 조식, 레스토랑에서 쉽게 만날 수 있는 소브라사다는 판매처마다 맛과 향, 질감이 다르다. 육향이 강하게 느껴져 입맛에 따라 호불호가 갈릴 수 있지만, 스페인에서만 맛볼 수 있는 식자재인 만큼 한번쯤 맛보는 것을 추천한다.

Ensaïmada
엔사이마다

돼지기름 라드(lard)로 만든 달팽이 모양의 빵으로, 단맛이 은은하게 느껴지는 담백한 풍미가 특징이다. 엔사이마다는 카탈루냐어로 돼지기름을 의미하는 사임(saïm)이라는 단어에서 유래했다. 17세기 축제나 특별한 행사에서 즐겨 먹던 빵으로, 마요르카를 여행하다 보면 엔사이마다 전문 제과점을 곳곳에서 만날 수 있다. 원조 혹은 오리지널 레시피를 내세우는 빵집도 여러 곳 있는데, 폭신한 식감과 엔사이마다 표면에 슈가파우더를 가볍게 뿌린 것이 전통 방식에 속한다. 현대에 와서는 커스터드나 호박잼을 빵 안에 채워 달콤함을 더했다. 현지인은 엔사이마다를 생일 케이크로도 즐긴다.

flavors of mallorca

Tumbet
툼베트

신선한 채소를 층층이 쌓아 오븐에 구운 전통 채소 요리. 감자, 가지, 피망, 마요르카식 수제 토마토소스 등의 기본 재료에 제철 채소를 더하면 완성. 고기 또는 생선 요리에 곁들이는 것이 일반적이지만, 그 자체로도 알찬 한 끼다.

Arròs Brut
아로스 브루트

제철 채소로 우린 진한 육수에 고기와 향신료를 넣고 국물이 자작하게 남도록 끓여 먹는 전통 쌀 요리. 카탈루냐어로 '탁한 밥'이란 뜻으로, 탁한 색을 띠는 진한 국물에서 유래된 이름이다. 과거 채소와 고기를 넣고 아무렇게나 끓여 먹던 서민 요리에서 비롯됐으며, 언뜻 스페인식 쌀 요리 파에야와 비슷해 보이지만 국물 요리의 느낌이 강하다. 겨울철 우리나라에서 국밥으로 몸을 따뜻하게 달래는 것처럼 마요르카 사람들에게 아로스 브루트는 추운 날 자주 찾는 대표 음식이다.

↑ 구운 채소 요리 툼베트.
↓ 얇게 반죽한 빵 위에 채소를 올려 구운 코카 데 트램포.

Coca de Trampó
코카 데 트램포

올리브오일로 반죽한 빵 위에 양파, 피망, 토마토 등을 얹어 구운 채소 플랫 브레드. 치즈를 넣지 않은 마요르카식 피자로, 현지인은 줄여서 '코카'라고 부른다. 크래커처럼 얇고 바삭하게 구운 빵에 소브라사다 등 다양한 식자재를 곁들이는 것이 특징. 마요르카의 어느 빵집에서든 만날 수 있는 대표 먹거리다.

Pa amb Oli
파 암 올리

마요르카를 포함한 지중해 연안 지역의 전통 요리로, 카탈루냐어로 빵과 오일이라는 이름처럼 올리브오일과 소금을 넣어 만든다. 판 콘 토마테 (Pan con Tomate, 토마토 과육과 즙을 문지른 빵)와 유사하다. 소브라사다, 올리브, 치즈, 하몽 등의 식자재를 얹어 오픈 샌드위치 형태로 다양하게 맛볼 수 있다. 조리법이 간편하면서 맛이 좋고 가격도 저렴해, 가벼운 끼니나 간식으로 제격이다.

Empanada
엠파나다

두껍게 반죽한 페이스트리에 돼지고기나 닭, 생선 등을 넣고 구운 스페인식 만두. 과거 마요르카에서는 엠파나다 페이스트리에도 계층이 존재했다. 버터와 설탕 등을 넣어 달콤한 반죽으로 만든 엠파나다는 귀족층이, 기름과 밀가루, 약간의 소금을 넣은 기본 반죽은 서민이 즐겼다고. 마요르카에서는 부활절 전후로 가족이 함께 모여 엠파나다를 만드는 전통이 있다. 집안 대대로 내려오는 레시피부터 각자의 개성을 살린 레시피까지 다양하다.

↑ 올리브오일을 바르고 토마토를 문질러 먹는 파 암 올리.
↙ 감자를 넣어 만든 마요르카 전통 빵 코카 데 파타타.

Coca de Patata
코카 데 파타타

슈가파우더를 소복이 얹은 동그란 모양의 빵. 발데모사 지역의 명물로, 반죽에 감자를 넣어 감자빵이라고 불리기도 한다. 감자의 맛이 직접적으로 느껴지지 않지만 담백한 맛이 특징. 초콜릿이나 크림을 넣어 달콤한 맛을 더하기도 하지만, 이 빵의 매력을 제대로 느끼고 싶다면 오리지널 코카 드 파타타에 달달한 음료를 곁들이는 것이 좋다. 여름엔 스페인의 전통 식물성 음료 아몬드 오르차타(Horchata), 겨울엔 핫초코를 함께 즐기는 것을 추천한다.

4 Ways to Travel Mallorca

허니문부터 배낭여행까지, 마요르카 4색 여행법

누구와 어떤 콘셉트로 여행하든 완벽한 시간을 누릴 수 있는 섬, 마요르카. 일생일대의 꿈꾸는 허니무너에겐 로맨틱한 낙원이, 어른부터 아이까지 다양한 연령대의 가족 구성원에게는 모두를 충족시키는 테마파크가, 자동차 여행자에게는 새로운 차원의 경험을 선사하는 미지의 섬이, 뚜벅이 여행자에게는 느긋하게 머물수록 진면목을 드러내는 여행지가 되어준다.

쇼핑과 산책을 즐기기 좋은
팔마의 파세오 델 보른 초입.

Honeymoon

허니문

도시와 자연, 관광과 휴양을 모두 경험할 수 있는 마요르카는 신혼부부에게 적극 추천할 만한 여행지다. 결혼식이라는 큰 이벤트가 끝난 뒤 떠나는 여행인 만큼 바쁜 일정은 피하고 싶지만 그렇다고 느긋한 여행도 왠지 아쉽다. 빠듯한 일정의 유럽 허니문이라는 고정관념을 깨고 마요르카에서는 여유와 알찬 경험의 균형 잡힌 여행이 가능하다.

안드라츠 항구가 내려다보이는 레스토랑에서 저녁 식사를 즐기는 사람들.

추천 지역

소예르
트라문타나 산맥과 지중해 사이에 자리한 소예르는 산과 바다가 어우러진 멋진 풍경을 자랑하는 지역으로, 자연 속에서 둘만의 조용한 시간을 보내기에 제격이다. 마을을 가로지르는 빈티지 목조 트램, 아기자기한 건물과 오렌지 나무가 늘어선 아름다운 골목이 낭만적인 분위기를 더한다.
tip — 해 질 무렵, 트램의 최종 목적지 소예르 항구(p.26)에서는 로맨틱한 일몰을 감상할 수 있다.

발데모사
작곡가 쇼팽과 그의 연인 작가 조르주 상드가 머물렀던 곳으로 유명한 발데모사는 트라문타나 산맥 중턱에 자리 잡은 석조 마을이다. 좁은 골목길, 담쟁이 덩굴이 뒤덮인 건물, 곳곳에 피어난 꽃이 어우러져 마치 유럽 동화 속 마을에 온 듯한 로맨틱한 분위기를 자아낸다.
tip — 쇼팽과 상드가 1838년 겨울을 보낸 14세기 카르투하 수도원(p.95)의 아름다운 정원을 거닐며 그 시절의 정취를 느껴본다.

알쿠디아
맑고 잔잔한 바다, 하얀 모래 해변이 있고 중세 시대 성벽과 돌길이 남아 있는 알쿠디아에서는 과거로 시간 여행을 떠난 듯한 기분을 느낄 수 있다. 고즈넉한 골목길을 거닐고 터키블루빛 해변에서 일광욕을 즐기는 것만으로도 충분히 낭만적인 시간이 될 것이다.
tip — 요트 투어(p.57)에 참여해 에메랄드빛 지중해를 항해하며 인생 최고의 순간을 만끽하는 것을 추천한다.

소예르　　　　　　　발데모사　　　　　　　알쿠디아

추천 숙소

평생 기억에 남을 만한 특별한 곳에서의 하룻밤을 꿈꾸는 허니문 여행. 마요르카는 세계적인 럭셔리 호텔부터 현지인 가족이 대를 이어 운영하는 아그리투리스모까지 다양한 선택지를 갖춘 여행지다. 예산에 맞춰 호화로운 리조트와 합리적 가격대의 숙소를 조합하는 것도 가능하다. 대부분의 객실이 산과 바다 전망을 자랑한다는 것 또한 마요르카의 큰 장점. 객실 발코니에서 끝없이 펼쳐지는 지중해의 풍경을 즐기고 트라문타나 산맥 아래에서 자연의 고요함을 경험하는 등 취향에 맞는 숙소를 선택할 수 있다.

Family Trip

가족 여행

마요르카는 아이들과 여행하기에도 좋은 곳이다. 자연과 문화를 결합한 다양한 여행 경험이 가능하기 때문이다. 박물관과 미술관만 찾아 다니면 아이들이 자칫 지루하게 느낄 수 있으니, 흥미로운 문화 체험과 아웃도어 액티비티가 적절히 어우러지도록 일정을 구성하는 것이 좋다.

도시 감성, 휴양, 액티비티를 모두 갖춘 가족 여행지, 소예르.

추천 지역

팔마
유서 깊은 건축물과 현대적 라이프스타일이 조화를 이루는 도시. 구시가지의 골목골목을 걸으며 마주치는 팔마 대성당, 벨베르성 같은 역사 유적은 아이들의 호기심을 자극하기에 충분하다. 주요 명소는 올드 타운과 항구 일대에 모여 있어 도보로 둘러보기에 무리가 없고 대중교통 인프라도 비교적 잘 갖추고 있어 이용하기 편리하다.
tip — 해양 생물에 관심이 많다면 팔마 아쿠아리움(p.71)을, 비가 오거나 너무 더운 날엔 실내에서 어트랙션을 즐길 수 있는 카트만두 파크를 방문해도 좋다.

알쿠디아
마요르카 북부 지역에 자리한 도시로, 플라야 알쿠디아(p.25) 인근에 가족 친화적 리조트와 다양한 편의시설이 밀집해 있다. 플라야 알쿠디아는 수심이 얕고 물이 맑아 어린이와 함께 즐기기에 좋은 장소. 패들보딩, 카약킹, 스노클링 등 다양한 액티비티 체험이 가능하고 근처에 워터파크와 박물관 등이 있어 즐길 거리가 넘쳐난다.
tip — 하이드로파크 알쿠디아(p.110)는 수심이 얕은 어린이 전용 수영장부터 어른을 위한 파도풀까지 모든 가족 구성원을 아우르는 시설을 갖췄다.

소예르
100년 된 빈티지 목조 트램과 골목 사이사이 아기자기한 건물이 가득한 소예르는 아이들의 모험심과 호기심을 자극하는 작고 평화로운 항구 마을이다. 인근 해변의 수심이 깊지 않은 편이라 해수욕도 즐길 수 있다. 한마디로 도시, 휴양, 액티비티가 집약돼 있어 아이들과 시간을 보내기 제격인 여행지다.
tip — 에코빈야사(p.91)에서는 다양한 동식물을 만나고 오렌지 나무에서 갓 딴 오렌지를 맛볼 수 있다.

팔마　　　알쿠디아　　　소예르

추천 숙소

아이와 함께하는 가족 여행객에겐 올인클루시브 호텔이나 아파트먼트를 추천한다. 객실부터 식사, 액티비티까지 포함된 올인클루시브 호텔은 특별한 계획이 없어도 다양한 부대시설과 서비스를 즐기며 편하게 시간을 보낼 수 있다. 어린이 전용 수영장을 갖춘 곳이 많아 안전하게 물놀이를 즐길 수 있다는 것도 장점. 아파트먼트는 객실에 조리 시설이 딸려 있어 현지 음식이 낯선 아이들의 식사를 해결하기에 편리하고, 간이 침대가 제공되는 호텔과 달리 침실이 2개 이상인 객실 타입을 보유하고 있어 한층 안락하게 머물기 좋다. 다만, 마요르카에는 만 16세 이상부터 투숙 가능한 숙소가 많기 때문에 예약 시 투숙객 나이 제한 정책의 유무를 반드시 확인하는 것을 추천한다.

Self-Drive Trip

렌터카 여행

발길 닿는 대로 자유롭게 즐기는 여행을 원하는 이들에게 렌터카는 필수다. 대중교통으로 쉽게 접근하기 어려운 숨은 명소와 멋진 풍광을 만날 수 있고 날씨나 컨디션에 따라 일정 조율이 가능하며 완벽하게 프라이빗한 시간을 보낼 수 있으니까. 단, 구불구불 이어지는 비포장도로, 차 한 대가 겨우 지날 만큼 좁은 골목, 성수기 주차난에 대한 각오만 되어 있다면 말이다.

추천 코스

트라문타나의 마을을 잇는 산악 드라이브
마요르카의 아기자기한 마을로 손꼽히는 발데모사에서 시작해 트라문타나 산맥을 따라 데이아, 소예르로 이어지는 가장 베이직한 코스. 섬의 전통적인 모습이 남아 있는 주요 마을을 방문할 수 있다.

- 총거리. 약 28km
- 난이도. 중
- 코스. 발데모사 » 데이아(11km/15분) » 소예르(11km/25분) » 소예르 항구(6km/15분)
- 뷰 포인트. 바위 구멍을 통해 바라보는 지중해의 일몰 풍경이 인상적인 전망대 미라도르 데 사 포라다다.
- 참고 사항. 지도상으로는 거리가 짧아 보이지만, 산맥을 따라 도로가 굽이굽이 이어지는 코스라 실제 소요 시간은 생각보다 긴 편.

숨은 해변을 찾아가는 협곡 드라이브
소예르에서 트라문타나 산맥을 가로질러 마요르카의 천연 기념물로 지정된 해변 사 칼로브라까지 가는 코스로, 마요르카 렌터카 여행의 하이라이트로 꼽힌다. 굽이진 산악 도로를 달리다 보면 보석 같은 작은 마을로 이어진다.

- 총거리. 약 80km
- 난이도. 중상
- 코스. 소예르 » 포르날루츠(5km/15분) » 사 칼로브라(33km/55분) » 에스코르카(17km/31분) » 루크(7km/15분) » 카이마리(11km/20분) » 셀바(3km/5분) » 인카(6km/10분)
- 뷰 포인트. 인공 저수지 고르 블라우가 한눈에 내려다보이는 전망대 미라도르 데스 고르 블라우(Mirador des Gorg Blau)와 산맥을 가로지르는 폭이 좁고 급커브 구간이 많은 Ma-2141 도로.
- 참고 사항. 도로에 갑자기 뛰어드는 염소를 주의할 것. Ma-2141 도로는 마요르카의 대표 자전거 코스이기도 하니 유의하자.

Plus Info

렌터카 픽업하기
① 국제운전면허증, 국내운전면허증, 여권, 렌터카 예약 확인서, 운전자 명의 신용카드(렌터카 보증금이 높거나 현지 상황에 따라 결제가 불가능한 경우를 대비해 2장 지참 권장, 체크카드 이용 불가)를 준비한다.
② 렌터카 픽업 전 예약 확인서가 메일로 수신됐는지 확인할 것.
③ 픽업한 후 차량 내·외관을 사진이나 영상으로 기록한다.

운전하기
① 차량 내비게이션은 영어만 지원되기 때문에 구글맵 또는 웨이즈(Waze) 앱 이용을 추천한다.
② 대부분의 차량에 블랙박스가 없어 사고에 대비해 휴대폰 촬영용 거치대를 준비하는 것이 좋다.
③ 모든 도로의 중앙선은 흰색이며 우리나라와 동일하게 우측 통행이다.
④ 팔마 시내 외 지역은 신호등보다 회전 교차로가 많으며, 교차로에서는 시속 30킬로미터 이하로 서행하고 회전 중인 차량에 우선권이 있다.
⑤ 차도에 자전거가 주행하는 경우가 많아 안전거리 확보가 중요하며 추월 시 주의할 것.

주차하기
① 주차 규정이 굉장히 엄격하며 위반 시 최소 80유로의 과태료가 부과된다.
② 구글맵에서 'parking'으로 검색 시 인근 지역 주차장 확인이 가능하고 주차 구역은 노란색(거주자 전용 주차 구역), 파란색(유료 주차 가능 구역), 흰색(무료 주차 가능 구역)으로 나뉜다.
③ 파란색 구역에 주차할 땐 무인 기계에서 결제 후 영수증을 대시보드에 올려놓아야 하며, 카드 인식 오류에 대비해 현금을 준비하는 것이 좋다.
④ 대부분의 주차장에서 주차권 구매 시 차량 번호를 기재해야 한다. 번호판을 미리 사진으로 찍어두면 편리하다.

마요르카 최북단을 향해 달리는 절경 드라이브
포옌사에서 출발해 드라마틱한 풍광이 펼쳐지는 섬 북쪽 끝자락, 포르멘토르 곶까지 가는 코스. 세계에서 가장 아름다운 도로로 꼽히는 구간이기도 하다.

- **총거리.** 약 68km
- **난이도.** 상
- **코스.** 포옌사 » 포옌사 항구(9km/15분) » 포르멘토르 등대(20km/35분) » 알쿠디아(30km/45분)
- **뷰 포인트.** 포르멘토르 등대로 이어지는 Ma-2210 도로, 북부 지역의 깎아지르는 절벽과 지중해를 감상할 수 있는 전망대 미라도르 데 에스 콜로메르.
- **참고 사항.** 성수기(6월 1일~ 9월 30일), 포르멘토르 등대에는 개인 차량 진입이 제한된다. 포옌사 항구와 등대를 오가는 334번 버스로 이동하는 것을 추천한다(편도 45분 소요).

지중해의 햇살 가득한 남부 해안 드라이브
칼라 피(Cala Pi)에서 칼라 욤바르드스까지 남부 해변의 평화롭고 여유로운 분위기를 느낄 수 있는 코스. 에메랄드빛의 맑은 바다를 마음껏 감상할 수 있어 해안 드라이브 코스로 제격이다.

- **총거리.** 약 70km
- **난이도.** 하
- **코스.** 칼라 피 » 캄포스(25km/25분) » 세스 살리네스(12km/15분) » 콜로니아 데 산 조르디(6km/10분) » 산타니(14km/20분) » 칼라 욤바르드스(6km/10분)
- **뷰 포인트.** 해변 양쪽에 자리한 거대한 바위 절벽이 인상적인 칼라 피, 바위 절벽과 푸른 바다, 소나무 숲이 조화를 이루는 칼라 욤바르드스.
- **참고 사항.** 해변의 주차 공간이 협소한 편이니 주의할 것.

Backpacking

뚜벅이 여행

여러 지역을 이동하는 것보다 한 곳에 머무는 여행 선호한다면 교통의 중심지이자 마요르카 여행의 관문인 팔마에 머물며 대중교통을 이용해 근교 여행을 즐기는 일정을 추천한다. 버스 노선이 주요 관광지를 포함해 섬 곳곳을 촘촘하게 연결해 뚜벅이 여행자도 얼마든지 마요르카를 탐험할 수 있다. 섬 전역을 버스로 이동하는 게 부담스럽다면 중간중간 택시를 활용하는 것을 추천한다.

추천 일정

Itinerary 1. 팔마에 머물며 근교 당일 여행을 즐기는 3박 4일 일정

1일차	2일차	3일차	4일차
팔마 시내	발데모사와 소예르 당일치기 (203번 버스 이용)	바니알부파르와 안드라츠 항구	팔마 공항으로 이동 (공항버스 또는 택시 추천)

Itinerary 2. 팔마와 마요르카 서부 지역을 함께 여행하는 4박 5일 일정

1일차	2일차	3일차	4일차	5일차
팔마 시내	소예르로 이동 (열차 이용)	데이아 당일치기	발데모사로 이동 (203번 버스 이용)	팔마 공항으로 이동 (픽업 택시 추천)

Itinerary 3. 마요르카 서부·북부 지역에 집중하는 5박 6일 일정

1일차	2일차	3일차	4일차	5일차	6일차
팔마 시내	발데모사 당일치기	소예르로 이동 (열차 이용)	포옌사로 이동 (택시 이용)	알쿠디아 당일치기	팔마 공항으로 이동 (픽업 택시 추천)

Itinerary 4. 마요르카 대표 지역을 모두 훑는 5박 6일 일정

1일차	2일차	3일차	4일차	5일차	6일차
팔마 시내	알쿠디아로 이동 (302번 버스 이용)	포옌사로 이동 (322번 버스 이용)	소예르로 이동 (택시 이용)	데이아와 발데모사 당일치기	팔마 공항으로 이동 (픽업 택시 추천)

Plus Info

버스 노선별 추천 여행

101번 버스
- 노선. 팔마 - 캄프 데 마르 - 안드라츠 항구
- 배차 간격. 30~60분
- 소요 시간. 편도 50분
- 요금. 6유로
- 추천 대상. 일몰 무렵 안드라츠 항구에서 주류를 곁들이는 식사를 계획한 렌터카 여행자

108번 버스
- 노선. 팔마 - 칼라 마요르 - 손 칼리우
- 배차 간격. 30분
- 소요 시간. 편도 35분
- 요금. 4.5유로
- 추천 대상. 팔마 인근 해변 호텔에서 숙박하는 뚜벅이 여행자

203번 버스
- 노선. 팔마 - 발데모사 - 데이아 - 소예르 마을 - 소예르 항구
- 배차 간격. 60~75분
- 소요 시간. 편도 약 1시간 20분
- 요금. 4.5유로
- 추천 대상. 마요르카를 대표하는 서부 지역을 모두 돌아보고 싶은 여행자

204번 버스
- 노선. 팔마 - 소예르 마을 - 소예르 항구
- 배차 간격. 30분
- 소요 시간. 편도 40분
- 요금. 4.5유로
- 추천 대상. 소예르 당일치기 여행을 원하는 여행자

301번 버스
- 노선. 팔마 - 포옌사 마을 - 포옌사 항구
- 배차 간격. 30~60분
- 소요 시간. 편도 1시간 10분
- 요금. 9유로
- 추천 대상. 포옌사를 포함한 북부 지역을 하루 안에 돌아보고 싶은 여행자

302번 버스
- 노선. 팔마 - 알쿠디아 항구 - 알쿠디아 마을 - 플라야 데 무로 - 칸 핀카포트
- 배차 간격. 30~60분
- 소요 시간. 편도 1시간 30분
- 요금. 9유로
- 추천 대상. 북부 해변 지역을 당일치기로 방문하고 싶은 여행자

322번 버스
- 노선. 포옌사 - 포옌사 항구 – 알쿠디아 - 알쿠디아 항구
- 배차 간격. 30~40분
- 소요 시간. 편도 25분
- 요금. 4.5유로
- 추천 대상. 북부 지역 포옌사와 알쿠디아를 여행하고 싶은 여행자(301번 버스와 연계한 여행 추천)

401번 버스
- 노선. 팔마 – 마나코르 - 포르토 크리스토
- 배차 간격. 30~60분
- 소요 시간. 편도 1시간 20분
- 요금. 9유로
- 추천 대상. 동부 지역을 하루에 몰아 여행하고 싶은 뚜벅이 여행자

501번 버스
- 노선. 팔마 – 캄포스 - 마나코르
- 배차 간격. 30분
- 소요 시간. 편도 1시간 15분
- 요금. 7.5유로
- 추천 대상. 남부 해변과 동부 도시 마나코르를 한 번에 돌아보고 싶은 여행자

오감으로 즐기는 마요르카

천혜의 자연에서 다양한 액티비티를 경험할 수 있는 마요르카. 산과 바다 어느 한쪽에 치우치지 않고 취향껏 선택할 수 있다는 것이 이곳의 가장 큰 장점 중 하나다. 하이킹, 클라이밍으로 몸을 깨우고 요트, 와이너리 투어로 섬의 매력을 느긋하게 만끽하는 등 마요르카를 오감으로 즐기는 액티비티를 소개한다.

Things to Do in Mallorca

Yacht Tour
요트 투어

50개가 넘는 해변과 만에서 다양한 요트 투어를 운영한다. 에메랄드빛 바닷물이 펼쳐진 해안선과 우뚝 솟은 절벽이 어우러진 풍경을 감상하고 지중해 한가운데서 스노클링과 수영을 즐길 수 있다. 대부분의 투어가 보트 위에서 뷔페식 식사를 제공하고, 오전과 오후로 나뉘어 하루에 총 2회 운행한다. 반짝이는 지중해에서 즐기는 물놀이에 중점을 둔다면 오전에, 일몰을 보고 싶다면 오후에 참여하는 것이 좋다. 팔마 시내와 인접한 여행사 **어트랙션 카타마란스 마요르카**(Attraction Catamarans Mallorca, attractioncatamarans.com)에서 투어를 예약하면 팔마 시내에서 요트 탑승장까지 차량 이동 서비스도 선택 가능하다. 알쿠디아의 절벽과 동굴을 가까이에서 감상하고 싶다면 **프리미어 크루즈 알쿠디아**(Premier Cruises Alcudia, attractioncatamarans.com)도 좋은 선택지다.

Cycling
사이클링

해안을 따라 경치를 즐기는 코스부터 오르막과 내리막이 끝없이 펼쳐진 코스까지, 다양한 자전거 루트가 조성돼 있는 마요르카는 전 세계 자전거 라이더의 성지다. 특히 봄이면 세계적으로 유명한 자전거 코스가 있는 트라문타나 산맥에서는 수많은 라이더가 시원하게 내달리는 모습을 볼 수 있다. 섬 곳곳에 코스를 안내하는 표지판, 장비 대여점 등이 잘 마련돼 있고 자전거 투어에 참여하면 전문 가이드의 안내에 따라 여유롭게 달리는 경험도 가능하다. 팔마 해안을 따라 조성된 산책로이자 자전거 도로인 **파세오 마리티모**(Paseo Maritimo)에서는 총 5.5킬로미터를 달리는 동안 양옆으로 늘어선 야자수 너머로 구시가지와 항구 풍경을 즐길 수 있다. 대부분 평지라 부담도 적은 편. 세계문화유산으로 지정된 장엄한 트라문타나 산맥은 고즈넉한 중세마을 발데모사나 소예르에서 쉽게 이동할 수 있다. 수많은 라이더가 열정을 불태우는 업힐 코스로, 구불구불 이어지는 도로에서 차와 함께 달려야 하기 때문에 안전에 유의해야 한다. 트라문타나 산맥 지역에 속한 해안 마을인 **사 칼로브라**는 지형을 해치지 않고 조성된 자연 친화적인 루트와 암석 일대를 돌아 나가는 8자 코스로 유명하다. 난도가 높고 체력을 요하는 코스라 만반의 준비가 필요하다.

Horse Riding
승마

마요르카에서는 말에 탄 채 해변을 감상하거나 산과 들판을 누비는 다양한 코스의 승마 체험을 즐길 수 있다. 주로 해변 승마 체험을 제공하는 **란초 칸 피카포르트**(Rancho Ca'n Picafort, ranchocanpicafort.com)는 1시간부터 3시간까지 소요 시간에 따라 선택 가능한 프로그램을 운영한다. 초보자가 승마에 적응하도록 도와주고, 경험자에겐 구보 체험 기회도 제공하는 등 각자의 수준에 맞춘 세심한 운영이 돋보인다. 넓은 평야 지대인 란다 계곡(Randa Valley) 지역에 자리한 **마요르카 홀스**(Mallorca Horses, mallorcahorses.com)는 산과 들판에서 승마를 즐길 수 있는 곳. 인근 도시 루크마요르(Llucmajor), 알가이다(Algaida)까지 무료 이동 서비스를 제공해 뚜벅이 여행자도 쉽게 접근 가능하다. 식사, 말과 교감하는 프로그램 등 다양한 옵션을 선택할 수 있다.

© Rancho Ca'n Picafort

Tennis
테니스

세계적인 테니스 스타 라파엘 나달의 고향인 만큼 이 섬에서 가장 인기 있는 스포츠는 단연 테니스. 2019년 나달은 고향 마나코르에 **라파 나달 아카데미**(p.109)를 설립해 세계 수준의 테니스 교육 환경을 마련해 테니스 인기의 방점을 찍었다. 마요르카에는 라파 나달 아카데미 외에도 일반인이 이용할 수 있는 테니스 코트가 다양하게 마련돼 있다.

Climbing
클라이밍

석회암으로 이뤄진 마요르카 서부 산맥은 다양한 암벽 등반 루트를 갖추고 있다. 여행 중 해안 절벽을 정복하는 클라이머의 도전 장면을 마주치는 것도 마요르카에서만 할 수 있는 경험이다. 안전이 중요한 액티비티인 만큼 등반 경험이 풍부한 가이드와 동행하는 것을 추천하며 초보자부터 숙련자까지 수준에 따른 맞춤형 투어를 운영하니 참고할 것. **발데모사 주변 트라문타나 산맥**은 길이가 짧고 가볍게 몸을 풀 수 있는 스포츠 클라이밍 코스가 많아 클라이머 사이에서 인기가 많다. 마요르카에서는 로프 없이 해안 절벽을 오르다 바다로 뛰어드는 딥 워터 솔로 클라이밍에도 도전할 수 있다. 대표적인 장소로는 높은 절벽에서 뛰어내리는 스릴과 아름다운 해안 풍경을 동시에 경험할 수 있는 **코다 벨 디아블로**(Cova del Diablo), 절벽과 작은 동굴로 둘러싸인 **칼라 세레나**(Cala Serena), 다양한 난이도의 루트가 있는 **칼라 바르케스**(Cala Barques)가 있다.

Golf
골프

연중 따뜻하고 화창한 기후 덕분에 마요르카는 최고의 골프 여행지로 손꼽힌다. 섬에는 다양한 골프 클럽이 운영되며, 일부를 제외하면 관광객과 비회원도 이용할 수 있어 진입 장벽이 낮다. 대부분 18홀 코스로 구성돼 있으며, 섬 곳곳의 아름다운 풍경과 조화를 이루고 있는 것이 특징이다. 여행 일정이 짧은 이들을 위해 9홀 코스를 운영하는 클럽도 있어 가볍게 체험하기에 좋다. 포옌사 만을 내려다보는 탁 트인 경관이 인상적인 **포옌사 골프 클럽**(Pollença Golf Club, www.golfpollensa.com)에서 9홀 코스에 도전할 수 있다. 1964년에 설립돼 현재 운영 중인 골프장 가운데 가장 오래된 **손 비다 골프 클럽**(Son Vida Golf Club, arabellagolfmallorca.com/campos-de-golf/golf-son-vida)은 팔마 시내와 접근성이 뛰어난 것이 장점. 국제 대회 개최 이력을 지닌 **클럽 데 골프 알카나다**(Club de Golf Alcanada, www.golf-alcanada.com)는 트라문타나 산맥과 알쿠디아 만을 바라보는 북부에 자리해 마요르카에서 가장 아름다운 경치를 자랑하는 골프장으로 인기 있다. 고급스러운 휴양지 캄프 데 마르(Camp de Mar)에 자리한 **클럽 데 골프 안드라츠**(Club de Golf Andratx, www.golfdeandratx.com)는 환상적인 바다 전망과 언덕, 올리브 나무와 아몬드 나무가 어우러진 독특한 골프 코스를 갖추고 있다. 골프장 옆에는 럭셔리 호텔이 있어 마요르카 골프 여행을 계획하기에 좋다.

Winery
Tour
와이너리 투어

마요르카는 온화한 기후와 비옥한 토양을 바탕으로 고품질 와인을 생산한다. 지역마다 고유한 테루아를 지닌 와인 생산지가 있어 독특한 와인을 즐길 수 있다. 와인 특구 마을 비니살렘(Binissalem)은 포도 재배부터 양조 과정까지 직접 둘러보고 시음을 통해 입맛에 맞는 와인을 찾는 특별한 경험을 제공한다. 마요르카에서 가장 오래된 와이너리 중 하나인 **보데가스 호세 L. 페레르**(Bodegas José L. Ferrer, www.vinosferrer.com)는 4대에 걸쳐 운영하는 곳으로, 현대 공법을 활용해 품질 좋은 와인을 생산하는 것으로 인정받는다. 중부 지역 산타마리아 델 카미(Santa Maria del Camí)에 자리한 **보데가스 마시아 바틀레**(Bodegas Macia Batle, www.maciabatle.com)는 1856년부터 와인을 생산한 유서 깊은 와이너리로, 최근 10년간 수십 개의 국제상을 수상한 이력을 자랑한다. 와인뿐만 아니라 엑스트라 버진 올리브오일과 발사믹 식초도 함께 시음할 수 있는 것도 다른 와이너리와의 차별점이다. **보데가스 리바스**(Bodega Ribas, bodegaribas.com)는 중부 내륙의 한적한 농촌 마을 콘셀(Consell)에 자리한 와이너리. 18세기부터 와인을 생산했으며 지금까지도 전통 방식의 와인 저장고를 사용하고 있다. 와인만 시음하는 가벼운 투어부터 플래터, 요리 등을 곁들이는 투어까지 다양한 구성이 돋보인다.

Hiking
하이킹

운동화만 있으면 누구나 도전할 수 있는 하이킹은 마요르카에서 꼭 한 번 해볼 만한 경험이다. 크게 해안 코스와 산악 코스로 나뉘는데, 전자는 대부분 평지인데다 접근성이 좋아 남녀노소에게 인기가 있다. 후자는 차량으로 이동해야 하고 경사 구간에서는 체력 소모를 감수해야 하지만 멋진 산악 지형과 사이사이 자리한 작은 마을 풍경을 즐길 수 있다.

추천 코스

우편배달부의 옛길
트라문타나 산맥을 따라 이어지는 하이킹 코스. 과거 바니알부파르와 에스포를레스(Esporles), 두 마을 간 우편물을 배달할 때 오가던 길로, 우편배달부의 옛길(The Old Postman's Route)이라 부른다. 바니알부파르에 가까워질수록 푸른 지중해와 웅장한 해안 절벽, 독특한 계단식 과수원이 조화를 이룬 멋진 풍경이 펼쳐진다. 가파른 경사는 없지만 돌길이라 미끄러우니 주의할 것. 에스포를레스에서 출발할 때 산 중턱에서 해안 방향으로 내려가는 것이 상대적으로 체력 소모가 적다. 만약 해안 경치를 먼저 즐기거나 하이라이트만 짧게 즐기고 싶다면 바니알부파르에서 출발하는 것이 좋다.

총길이.	편도 8~10km (3~4시간 소요)
난이도.	중
구간.	에스포를레스 » 칼라 바니알부파르

고요한 협곡을 따라가는 길
트라문타나 산맥에서 북부 해변으로 이어지는 짧은 하이킹 코스로, 산과 바다를 동시에 즐길 수 있는 조용한 루트다. 포옌사 인근의 보케르 계곡(Boquer Vally)을 지나며 마주하는 절벽 풍경이 하이라이트. 산 중턱을 오가는 염소도 만날 수 있다. 대부분 포장도로라 걷기 편하지만 해변에 가까워지면 자갈길이 나타난다. 전 구간에 그늘이 없고, 도착 지점인 해변에는 편의시설이 없어 모자와 선크림, 물놀이 준비는 필수다. 이정표 역할을 하는 카세스 데 보케르(Cases de Bóquer)는 오래된 농가 건물로, 사유지이지만 일반인에게도 개방돼 있어 자유롭게 지나갈 수 있다.

총길이.	왕복 7km (2~3시간 소요)
난이도.	하
구간.	포옌사 항구 » 칼라 데 보케르

올리브 나무길
트라문타나 산맥 중턱에 자리한 작고 아름다운 마을인 발데모사와 데이아를 잇는 대표적 하이킹 코스. 코스 이름처럼 주변에 올리브 나무가 넓게 펼쳐져 있으며, 트라문타나 봉우리 중 하나인 푸이그 데스 테익스(Puig des Teix)를 경유한다. 해발 1,064킬로미터의 정상에서 마요르카의 아기자기한 마을과 바다를 한눈에 담을 수 있다. 해안 코스나 산악 코스 중 취향에 따라 선택할 수 있으며, 왕복 하이킹을 계획할 경우 각각 다른 길을 이용해 두 가지 풍경을 모두 감상하는 것도 가능하다.

총길이.	편도 10~12km (4~5시간 소요)
난이도.	중상
구간.	발데모사 » 데이아

감시탑으로 가는 길
소예르 항구에서 북쪽 절벽의 토레 피카다(Torre Picada) 감시탑까지 이어지는 하이킹 코스. 왕복 총 5킬로미터 길이로, 가볍게 하이킹을 즐기고 싶은 이들에게 추천한다. 1600년대 해적의 침입을 막기 위해 세운 감시탑은 탁 트인 지중해를 감상할 수 있는 장소이기도 하다. 탑에 도착하기 전 경사 구간이 있지만 크게 부담될 정도는 아니다. 항구로 돌아오는 길에서는 그림 같은 해안 풍경을 마주할 수 있다. 하이킹 코스의 시작점이 마을과 항구를 오가는 트램 정류장과 가까워 접근성도 좋다.

총길이.	왕복 5km (1.5~2시간 소요)
난이도.	하
구간.	소예르 항구 » 토레 피카다 감시탑

Mallorca Finds

지갑이 열리는 마요르카

마요르카에서는 현지 로컬 브랜드는 물론, 유럽 명품 브랜드와 특산물을 한자리에서 둘러볼 수 있어 쇼핑의 즐거움이 배가된다. 스페인 여느 대도시와 견줘도 뒤쳐지지 않을 만큼 쇼핑 스폿이 다양해 가방은 무거워지고 지갑은 가벼워진다.

<u>쇼핑 스폿</u>

파세오 델 보른 (Paseo del Borne)

가로수가 양옆으로 길게 이어진 팔마 도심의 우아한 쇼핑 산책로. 스페인을 대표하는 브랜드 마시모두띠, 자라, 오이쇼를 포함해 세계적 명품 브랜드 숍이 즐비하다. 루이비통 매장은 다른 지역의 매장에 비해 여유롭게 쇼핑을 할 수 있고, 택스리펀은 물론 FTA 서류까지 세심하게 준비해주는 서비스로 인기 있다. 마요르카 로컬 아이템을 만날 수 있는 고풍스러운 백화점 리알토리빙(Rialto Living) 역시 이 거리에 있다. 거리 끝에는 팔마의 랜드마크 팔마 대성당이 있으니 산책 겸 함께 둘러보는 것을 추천한다.

📍 Pg. del Born, 1, Centre, Palma

마요르카 패션 아울렛(Mallorca Fashion Outlet)

팔마 시내와 공항에서 차로 15분 거리에 위치한 마요르카 대표 아울렛. 명품 브랜드 입점 비중은 낮은 편이라 빔바이롤라(Bimba Y Lola), 데시구알(Desigual), 망고(Mango) 등 스페인 브랜드를 중심으로 쇼핑을 하면 한층 더 알차게 누릴 수 있다. 인포메이션 센터에서 당일 사용 가능한 10퍼센트 할인 쿠폰을 제공하니 잊지 말 것. 레스토랑, 카페 등 편의시설이 갖춰져 있어 날씨가 좋지 않을 때 대체 일정으로 방문하거나 아이들과 함께하는 가족 여행 중 방문해도 좋다.

🕐 매일 10am~10pm, 크리스마스·새해·주현절 휴무, 12월 24일 & 31일 10am~6pm
📍 Pg. del Born, 1, Centre, Palma

리캠퍼 잉카(Recamper Inca)

스페인 캐주얼 슈즈 브랜드 캠퍼(Camper)의 시작이 마요르카란 사실을 알고 있는가? 당연히 캠퍼를 가장 저렴하게 구매할 수 있는 곳도 바로 마요르카다. 리캠퍼는 캠퍼 본사에서 운영하는 창고형 매장으로, 신발뿐만 아니라 의류, 가방 등 다양한 아이템을 만날 수 있다. 이월 상품이 주를 이루지만 일부 신상품도 판매하고 있다. 합리적인 가격에 더해 택스리펀까지 받을 수 있어, 실질적 할인 폭이 크다는 점도 매력적이다.

🕐 월~토 10am~8pm, 일요일 휴무 📍 Carrer Quarter, 91, Inca

쇼핑 아이템

마요르카 진주

진주는 마요르카의 대표 특산물 중 하나다. 그중에서도 마조리카(Majorica)는 가장 잘 알려진 브랜드. 마조리카의 진주는 햇빛, 땀, 화장품 등 외부 자극에 강해 부담 없이 착용할 수 있다. 팔마 시내에 총 5개 매장이 있고, 소예르, 발데모사, 마나코르 등 주요 도시에도 분점이 있으며, 마요르카 공항 면세점에도 입점해 있다. 제품 종류가 다양하고 가격대도 합리적이라 선물용으로도 추천한다.

라탄 제품

마요르카 분위기에 잘 어울리는 아이템을 꼽자면, 단연 라탄 제품이 아닐까? 강한 햇빛을 가려주는 모자부터 물놀이 필수품을 담기 좋은 가방까지. 섬세한 손길로 라탄 제품을 만드는 팔마의 밈브레리아 비달(Mimbreria Vidal), 소예르 항구와 가까운 사 포사다 데 라트테사(Sa Posada de L'artesà), 오랜 전통을 가진 마나코르 지역의 칸 가란야(Can Garanya) 등의 상점에서 만날 수 있다. 여행용품은 물론 인테리어 소품도 다양해 기념품으로 좋다.

천연 소금

마요르카 천연 소금은 꽃소금이라는 별명으로 잘 알려져 있다. 가장 대표적인 소금 브랜드는 플로르 데 살 데스 트렝크(Flor de Sal d'Es Trenc)로, 팔마와 발데모사, 세스 살리네스(Ses Slines)에 매장을 운영한다. 일반 소금 외에도 레몬, 올리브, 토마토 등 다양한 원재료를 함께 갈아 만든 소금은 색다른 맛을 선사한다. 대용량부터 소용량까지 다양한 크기로 구성돼 있어 선물용으로도 안성맞춤이다.

마요르카 와인

포도 재배에 최적화된 기후와 토양 조건을 갖춘 마요르카에서는 우수한 품질의 와인이 생산된다. 대부분의 와인이 섬 안에서 소비되기 때문에 외부로 수출되는 양은 매우 적은 편. 와인 애호가라면 와이너리나 와인숍에서 현지 와인을 구매할 것을 적극 추천한다.

Chapter 2.
City Guide

**마요르카
도시 탐험**

고요한 어촌 마을부터 생동감 넘치는 항구 도시, 전통이 살아 숨 쉬는 내륙의 중세 마을까지 마요르카의 도시들은 지역마다 각기 다른 풍경과 삶의 방식을 간직하고 있다. 8개의 주요 도시를 따라가다 보면, 마요르카라는 섬이 가진 깊이와 다양성을 자연스럽게 발견할 수 있을 것이다.

Palma / Sóller / Valldemossa

Manacor / Alcúdia / Pollença

Banyalbufar / Andratx

팔마의 고급스러운 쇼핑 거리 파세오 델 보르느.

Palma

팔마

면적.	208.6km²
인구.	약 48만 3,000명

공식 명칭은 '팔마 데 마요르카'. 마요르카에서 섬 인구의 절반이 거주하는 가장 큰 도시이자 행정 중심지. 1229년, 아라곤 왕국의 국왕 하우메 1세(1213~1276)가 마요르카를 정복한 후 '내가 본 곳 중 가장 사랑스러운 도시'라고 묘사했던 팔마는 오늘날 전 세계 여행자의 사랑을 받고 있다.

팔마에서는 중심부에 자리하고 있는 미로처럼 복잡한 골목을 천천히 거닐며 도시의 매력을 느껴보는 것을 추천한다. 골목을 산책하다 보면 오랫동안 햇빛을 받아 바래진 석벽의 따뜻한 색이 감돌고 그 끝엔 늘 푸른 바다가 끝없이 펼쳐진다. 찬란한 역사 유산과 문화를 지중해의 햇살처럼 도시 어디에서든 고루 느낄 수 있어 바르셀로나, 마드리드와 같은 스페인의 대표 도시와 견주어도 손색없다. 걸음을 옮길 때마다 마주치는 팔마 대성당, 알무다이나 궁전, 아랍 목욕탕 등의 유적을 통해 팔마가 얼마나 오랫동안 다양한 문화의 영향을 받고 조화를 이루며 발전해왔는지 알 수 있을 것이다.

↑ 팔마에 있는 스페인 출신 호안 알코베르의 기념비.

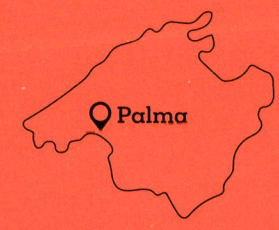

TO SEE

Catedral-Basílica de Santa María de Mallorca
팔마 대성당

팔마를 대표하는 랜드마크 팔마의 상징물이자 팔마 여행의 시작점이라 할 수 있다. 시내 중심부에 자리한 팔마 대성당은 14세기 모스크 위에 세워졌다. 13세기, 아라곤 왕국의 하우메 1세가 무어인을 정복한 후 마요르카의 기독개화를 기념한 것. 카탈루냐어로 대성당을 뜻하는 '라 세우(La Seu)'라고도 불린다. 13세기부터 17세기까지 수 세기에 걸쳐 완공한 대성당은 전형적인 고딕 양식으로 건축됐다. 중앙 본당의 높이가 44미터로, 높고도 거대하게 설치된 창문은 경이로움을 느끼게 한다. 특히 1,200여 개의 색유리 조각이 사용된 큰 장미창은 직경이 약 12미터에 이르며, 세계에서 가장 큰 고딕 양식 스테인드글라스 중 하나다. 이 창을 통해 빛이 쏟아지면, 성당 내부가 화려한 색채로 물들면서 신비로운 분위기를 자아낸다.

20세기 초, 스페인 대표 건축가 안토니 가우디가 성당 개보수 작업에 참여하면서 현대적인 요소가 가미됐다. 주 제단 위에 놓인 커다란 철 캐노피, 자연광이 더 아름답게 퍼지도록 설계한 창, 일부 성가대석과 의자, 내부 가구 등에서 가우디의 흔적을 엿볼 수 있다. 기존 제단을 철거한 후 전기 조명의 장식을 추가해 전통적인 성당의 위계 구조를 열린 공간으로 바꾸는 것이 애초 가우디의 계획이었으나, 성당과의 의견 마찰로 완성하지 못하고 결국 중단됐다. 전통 고딕 양식과 가우디의 현대적 디자인의 대비에 주목해서 관람하면 흥미로울 것이다.

- ◎ 4~11월 월~금 10am~5:15pm, 토 10am~2:15pm, 일 휴무, 12~3월 월~토 10am~3:15pm, 일 휴무
- ⓐ Plaça de la Seu, s/n, Centre, Palma
- ⓦ catedraldemallorca.org/en

↓ 팔마 대성당을 바라보며 여유를 즐기는 사람들.

고딕 건축의 위용을 보여주는 팔마 대성당.

→ 고딕 양식과 이슬람 건축 양식이 공존하는 알무다이나 궁전.
↓ 10세기 이슬람 양식이 남아 있는 아랍 목욕탕 내부.

Palau de l'Almudaina
알무다이나 궁전

이슬람과 기독 문화가 하나의 숨결로 이어진 건축물   팔마 대성당 바로 옆에 자리한 알무다이나 궁전은 10세기 이슬람 시대의 요새이자 궁전을 하우메 1세가 아라곤 왕조의 왕궁으로 사용하기 위해 고딕 양식으로 재건한 것이다. 이슬람과 기독교의 건축 양식이 공존하는 독특한 장소인 셈. 궁전을 거닐며 서로 다른 문화가 어떻게 조화를 이뤘는지 확인할 수 있을 것이다. 오늘날 스페인 왕가의 여름 휴가를 위한 별궁으로 사용하고 있으며, 건물 중 일부 공간만 대중에게 개방한다. 궁전 내부에서는 중세 시대의 가구와 예술 작품을 감상하고, 전통 이슬람 양식이 남아 있는 정원에서는 지중해의 푸른 바다를 한눈에 담을 수 있다.

- 화~일 10am~7pm, 월 휴무
- Carrer del Palau Reial, s/n, Centre, Palma
- www.patrimonionacional.es/en/visita/royal-palace-la-almudaina

Banys Àrabs
아랍 목욕탕

목욕탕으로 떠나는 과거로의 여행   10세기 이슬람 통치 시절에 지은 중세 아랍 목욕탕은 둥근 돔과 돌벽, 아치형 천장이 독특한 분위기를 자아내는 장소다. 당시의 아랍식 건축과 생활 양식을 엿볼 수 있어 역사·문화적으로 중요한 유적지이기도 하다. 내부로 들어서면 팔마 시내와 분리된 듯 다른 세계가 펼쳐진다. 정적이 감도는 아담한 공간을 둘러보다 보면 마치 시간의 흐름이 멈춘 듯한 느낌이 들 것이다.

- 매일 10am~6pm
- Carrer de Can Serra, 7, Centre, Palma

Castell de Bellver
벨베르성

원형 요새에서 만나는 팔마의 과거와 현재 팔마 시내 서쪽 언덕에 자리한 벨베르성은 건물 전체가 원형으로 설계된 14세기 고딕 양식의 건축물이다. 외부의 침입을 방어하기 위한 요새, 왕실의 별궁, 정치범 수감을 위한 감옥 등 여러 시대에 걸쳐 다양한 용도로 활용됐다. 중앙 안뜰로 들어서면 2층 구조의 회랑을 마주하게 되는데, 아래층 회랑은 로마네스크 양식의 둥근 아치로, 윗층은 고딕 양식의 뾰족한 아치로 설계돼 건축적 대비를 느낄 수 있다. 카탈루냐어로 아름다운 전망을 의미하는 성의 이름처럼 시내 전경부터 에메랄드빛 지중해 바다, 저 멀리 자리한 산까지 조망할 수 있어 뷰 포인트로도 인기 있는 명소다.

- 화~토 10am~7pm, 일 10am~3pm, 월 휴무
- Carrer Camilo José Cela, s/n, Ponent, Palma
- castelldebellver.palma.cat

Fundación Juan March
후안 마치 재단 박물관

현대미술 거장의 작품을 한자리에서 마요르 광장 근처에 자리한 현대미술관. 파블로 피카소(Pablo Picasso), 살바도르 달리(Salvador Dalí), 호안 미로(Joan Miró) 등 스페인 출신의 예술가는 물론, 러시아의 추상 미술가 바실리 칸딘스키(Wassily Kandinsky), 스위스 태생의 독일 예술가 파울 클레(Paul Klee), 미국의 조각가 알렉산더 콜더(Alexander Calder) 같은 한 시대를 풍미한 현대예술가의 작품을 소장하고 있다. 특정 장르에 국한되지 않는 다양한 현대미술 작품이 전시돼 있고 무료로 개방해 누구나 예술을 즐길 수 있다. 17세기 바로크 양식의 건물을 잘 보존하고 있어 전시된 작품뿐 아니라 공간 자체도 하나의 예술로 평가받는다.

- 월~금 10am~6:30pm, 토 10:30am~2pm, 일 휴무
- Carrer de Sant Miquel, 11, Centre, Palma
- www.march.es/es/palma

> **Plus Info**
>
> **후안 마치 재단 박물관에서 놓쳐선 안 될 작품**
>
> **파블로 피카소 <La Minotauromachie>**
> 미노타우르스 신화를 주제로 한 피카소의 판화 시리즈
>
> **호안 미로 <La Masia>**
> 상징적이고 추상적인 표현이 특징인 미로의 초기 작품 중 하나
>
> **살바도르 달리 <La Divina Commedia>**
> 단테의 신곡을 주제로 한 달리의 초현실주의 판화 시리즈
>
> **파울 클레 <Polyphony>**
> 음악을 시각화한 작품으로, 추상과 초현실주의를 넘나드는 클레의 대표 표현 양식
>
> **바실리 칸딘스키 <Improvisation 26>**
> 색과 형태를 통해 감정을 전달한 칸딘스키의 예술 철학이 반영된 작품

스페인 현대미술의 흐름을 감상할 수 있는 후안 마치 재단 박물관.

Las sombras del sonido
안익태 기념비

안익태 선생 탄생 100주년 기념비 팔마 대표 쇼핑 거리인 파세오 델 보른을 걷다보면 한눈에 시선을 끄는 인상적인 조형물을 마주하게 된다. 바로 '애국가'를 작곡한 안익태 선생의 탄생 100주년 기념비다. 스페인 여성과 결혼한 이후 마요르카에 정착한 그에게 이곳은 삶의 마지막 터전이었다. 기념비의 공식 명칭은 라스 솜브라스 델 소니도(Las Sombras del Sonido). 한글로 직역하면 '소리의 그림자'라는 뜻이다. 유리로 제작된 반원 위에 세 개의 강철 패널이 우뚝 서 있는 형태로, 마치 잔잔한 물 위로 단단한 심지가 곧게 솟아 있는 듯한 모습이 인상적이다. 유리 안에는 '안익태 선생'과 'Mestre Eak Tai Ahn'라는 글자가 적혀 있다. 현지 설치 미술가 호안 코스타(Joan Costa)가 애국가에 내재된 소리의 파동을 모티프로 제작한 작품이다.

Ⓐ Pg. del Born, 21, Centre, Palma

Estadi Mallorca Son Moix Stadium
RCD 마요르카 홈구장

팔마에서 만나는 라 리가의 매력 팔마 시내에서 차로 약 10분 거리에 있는 마요르카 연고의 RCD 마요르카 홈구장. 2021~23시즌 이강인이 소속되었던 팀으로 당시 경기 관람을 위해 찾는 한국인이 많았다고. 경기장은 2만 3,000여 명을 수용할 수 있는 규모의 이 경기장에서는 스페인 프로 축구 리그 라 리가(La Liga)를 비롯한 국가대표 팀의 경기 등 다양한 축구 행사가 열린다. 주말 경기가 없거나 평일 낮 시간대에 경기장 내부와 선수 라커룸을 둘러보는 홈구장 투어도 비정기적으로 운영한다. 마드리드, 바르셀로나 등 대도시에 비해 티켓을 구하는 것이 수월하기 때문에 평소 라 리가에 관심이 있다면 경기 관람을 추천한다. 라 리가 경기의 열기와 지역 문화를 한자리에서 경험할 수 있는 특별한 기회다.

Ⓐ Camí dels Reis, s/n, Ponent, Palma
Ⓦ www.rcdmallorca.es/en

↑ 빛 바랜 석조 건물이 매력적인 팔마 골목.
↙ 아기자기한 카페와 상점이 즐비한 시내.

Palma Aquarium
팔마 아쿠아리움

도심에서 만나는 바다만큼 깊은 공간 팔마 공항에서 차로 6분, 시내에서 9분 거리에 위치한 수족관. 해양 생물에 관심이 많다면 흥미로워할 만한 장소다. 유럽에서 가장 깊은 상어 수족관이 있는 곳이기도 하다. 3D 시네마 영상 관람, 백스테이지 투어, 동물 먹이주기 등 다양한 체험도 가능하다. 시즌에 따라 운영 시간이 다르니, 방문 전 확인은 필수다.

Ⓞ 월~일 9:30am~6:30pm (5pm 매표소 마지막 입장)
Ⓐ Carrer de Manuela de los Herreros, 21, Platja de Palma, Palma
Ⓦ tickets.palmaaquarium.com

Es Baluard Museu d'Art Contemporani de Palma
에스 발루아르 팔마 현대미술관

역사와 예술, 건축과 풍경의 조화 16세기 군사 요새 위에 세운 현대미술관으로, 카탈루냐어로 '에스 발루아르'는 요새를 뜻한다. 전통적 석조 구조물에 유리와 강철 같은 모던한 소재를 더한 건물 안에서 현대미술의 거장 피카소, 호안 미로뿐 아니라 현재 활발히 활동 중인 전 세계 예술가의 작품을 만날 수 있다. 500여 점에 이르는 전시품은 회화, 조각, 설치 미술 등 다양한 장르를 넘나든다. 옥상 전망대에 오르면 팔마 시내와 항구가 내려다보인다. 현대미술을 감상하고 멋진 전망도 즐기고 싶다면 방문을 추천한다.

- 화~토 10am~8pm, 일 10am~3pm, 월 휴무
- Plaça de la Porta de Santa Catalina, 10, Centre, Palma
- www.esbaluard.org/en

Plus Info

팔마 현대미술관에서 놓쳐선 안 될 작품

파블로 피카소의 도예품
피카소가 현대미술의 관점에서 재해석한 도자기 작품

호안 미로 <Femme>
단순한 형태 속 인간의 본질과 자연의 에너지를 표현한 미로의 대표적인 조각 작품

제임스 로젠퀴스트 <Time Dust>
미국 팝 아티스트 제임스 로젠퀴스트(James Rosenquist)가 광고와 대중문화를 소재로 작업한 거대한 캔버스 작품

줄리언 오피 <Walking in Palma>
미니멀리즘과 팝 아트를 결합한 영국 현대미술가 줄리언 오피(Julian Opie)의 작품

← 옛 요새와 현대적인 전시 공간이 조화를 이룬 에스 발루아르 팔마 현대미술관.

← 세르트 스튜디오에 남아 있는 미로의 흔적.
↙ 호안 미로 재단 내 전시관.

Plus Info

호안 미로 미술 재단 미술관에서 놓쳐선 안 될 작품

<Personnage et Oiseaux>
인물과 새를 주제로 한 미로의 대표적인 회화 작품으로, 독창적인 상징성, 생동감 넘치는 색채와 단순한 형태가 인상적

<Murals>
미술관 곳곳에서 만날 수 있는 미로의 대형 벽화

<미완성작>
미로의 작업실에는 그대로 남아 있는 미완성 작품

Fundació Miró Mallorca
호안 미로 재단 미술관

호안 미로의 흔적이 남아있는 곳 스페인 대표 예술가 호안 미로의 작품 6,000여 점을 만날 수 있는 미술관. 마요르카에 정착한 이후 생을 마감할 때까지 머물렀던 개인 저택과 작업실을 그대로 보존해 모두에게 개방했다. 미로의 친구이자 스페인 출신의 유명한 건축가 쥬세프 류이스 세르트(Josep Lluís Sert)가 설계한 세르트 스튜디오(Taller Sert)에 그대로 남아 있는 미로의 도구와 미완성 작품을 통해 그의 창작 과정을 엿볼 수 있다. 마요르카 전통 양식의 저택인 손 보터(Son Boter)는 조각과 대형 회화 작업을 위해 사용하던 공간으로, 벽과 문 곳곳에 그의 낙서와 드로잉이 남아 있다. 회화와 판화, 조각 등 미술관 내 전시된 작품을 통해 그의 예술이 시기마다 어떻게 변화했는지 확인할 수 있다. 미술관뿐만 아니라 정원 곳곳에서 마주치는 호안 미로의 흔적과 높은 지대에서 내려다보이는 바다 풍경이 관람의 즐거움을 더한다. 벨베르성과 인접해 있어 함께 방문하는 것을 추천한다.

- 5월 16일~9월 15일 화~토 10am~7pm, 일·공휴일 10am~3pm, 월 휴무
  9월 16일~5월 15일 화~토 10am~6pm, 일·공휴일 10am~3pm, 월 휴무
- C/ de Saridakis, 29, Ponent, Palma
- www.miromallorca.com/en

↑ 호안 미로 재단 미술관에서 내려다보이는 풍경.

TO EAT

Bar España
바 에스파냐

모두의 사랑방   오픈 전부터 문전성시를 이루는 것만 봐도 맛집이라는 것을 금세 알 수 있을 것이다. 오래된 액자와 소품으로 가득한 내부는 세월의 흔적을 고스란히 간직해 이 지역의 터줏대감 같은 분위기를 자아낸다. 관광객보다는 현지인이 가볍게 맥주 한 잔에 타파스를 즐기러 오는 곳으로, 스페인과 마요르카 전통 음식을 다양하게 조금씩 맛볼 수 있다는 점이 가장 큰 매력. 신선한 식자재로 만든 핀초스는 직접 골라 접시에 담으면 되는데, 눈으로 고르는 즐거움과 맛보는 재미를 동시에 선사한다. 추천 메뉴는 고추 요리인 피미엔토스 데 파드론(Pimientos de Padrón)과 감자튀김 위에 달걀프라이와 하몽을 얹은 우에보스 이베리코(Huevos Ibérico). 가격은 플레이트 당 5~10유로로, 캐주얼한 분위기에서 현지 음식을 가볍게 즐기기에 좋은 장소다.

- 월~토 1pm~4:30pm & 6:30pm~12am, 일 휴무
- Carrer de Can Escursac, 12, Centre, Palma
- www.barespanya.es

↑ 바 에스파냐의 활기찬 내부 풍경과 다양한 핀초스.

Mercat Negre
메르카트 네그레

메뉴판이 없는 해산물 맛집   전통 시장 메르카트 데 올리바르(Mercat de l'Olivar) 수산 구역에 자리한 로컬 맛집. 당일 들어온 신선한 해산물로 만든 요리를 와인과 함께 맞춤형 코스 요리로 제공한다. 재료 상황과 고객의 취향, 먹는 양, 예산에 따라 음식의 종류가 달라지기 때문에 정해진 메뉴가 없다. 오후 4시 시장이 문을 닫을 때 영업을 종료하며, 재료가 빠르게 소진될 수 있기 때문에 서둘러 방문하길 추천한다. 바에 앉아 타파스를 가볍게 즐기는 방식이라 오래 머물기 좋은 공간은 아니지만 활기찬 분위기를 선호한다면 방문할 만하다.

- 화~토 10am~4pm, 일·월 휴무
- Sección pescados, Plaça de l'Olivar, Centre, Palma
- mercatnegre.cat

Bondo Cocina
본도 코시나

고급스러운 마요르칸 음식을 맛볼 수 있는 곳 파세오 델 보른 근처 작은 골목에 자리한 모던 레스토랑. 현지에서 공수한 신선한 식자재 고유의 풍미와 식감의 조화에 집중한 요리를 선보인다. 전통적인 마요르칸 음식에 독특함을 더한 요리가 호기심을 자극하고 음식과 잘 어울리는 다양한 와인 리스트는 로맨틱한 밤의 분위기를 완성한다. 플레이트 당 10~30유로로, 에피타이저부터 메인 음식, 디저트까지 어느 하나 뒤쳐지지 않고 훌륭한 균형을 이룬다. 흰살 생선 요리 세비체와 스페인식 새우 요리 감바스가 대표 메뉴이지만, 시즌에 따라 메뉴 구성이 달라지기 때문에 직원에게 추천을 받는 것도 좋은 방법이다. 수요일부터 토요일까지 주 4회 저녁 시간에만 영업하며 예약 없이는 식사가 어려우니 참고할 것.

◎ 수~토 6:30pm~10:30pm, 일~화 휴무 ④ Carrer de Vallseca, 16, Centre, Palma
ⓦ www.bondococina.com

↗ 은은한 조명이 운치를 더하는 본도 코시나의 외관.
↑ 본도 코시나의 대표 메뉴인 감바스.

Restaurante Casa Maruka
레스토란테 카사 마루카

현지인이 사랑하는 숨은 맛집 팔마 시외버스터미널 인근에 위치한 이 레스토랑은 현지인 사이에서 사랑받는 숨은 맛집이다. 당일 공수한 신선한 재료로 만든 정통 마요르카 요리는 물론, 해산물부터 육류까지 창의적인 감각이 돋보이는 음식을 즐길 수 있다. 대표 메뉴로는 시즌에 따라 달라지는 구운 해산물 요리와 머스터드를 곁들인 송아지 타르타르가 있다. 특히 디저트로 제공되는 애플파이는 이곳의 시그니처 메뉴로, 카사 마루카를 방문했다면 꼭 맛봐야 한다. 조리에 30분 이상 소요되므로, 식사 전 미리 주문하는 것을 추천한다.

◎ 월 1pm~4pm, 화~토 1pm~4pm & 8pm~11pm, 일 휴무
④ Carrer de la Reina Maria Cristina, 7, Nord, Palma
ⓦ restaurantecasamaruka.es/en

Restaurante Hoyo 10
레스토란테 오요 디에스

유서 깊은 파에야 전문점   팔마의 조용한 해변 플라야 데스 포르티쵸레트(Platja des Portitxolet) 근처에 자리한 이 지중해식 레스토랑은 100년이 넘는 전통을 자랑한다. 세련된 분위기와는 거리가 있지만, 곳곳에 묻어나는 고풍스러움과 정감 어린 분위기가 매력적으로 다가온다. 과거 스페인 국왕이 다녀간 뒤로 더 유명해진 곳으로, 해산물, 육류를 활용한 스페인 전통 음식을 중심으로 정직한 한 끼를 선보인다. 그중에서도 가장 추천하는 메뉴는 시푸드 파에야. 해산물을 푸짐하게 사용해 호평이 자자하다. 주인 할아버지가 직접 만든 상그리아는 겉보기엔 투박해 보이지만, 오랜 세월이 녹아든 깊은 풍미가 담겨 있다. 과일 향이 풍부하고 은은한 단맛이 도는 상그리아는 진한 해산물 육수를 머금은 파에야와 훌륭한 조화를 이룬다. 팔마에서 유일하게 전통 소꼬리찜 요리 라보 델 토로(Rabo del Toro)를 맛볼 수 있는 곳이기도 하다. 스페인 전통 음식을 다양하게 즐기고 싶다면 방문을 추천한다.

- 수~월 1pm~4pm & 8pm~12am, 화 휴무
- Passeig de Bartomeu Barceló i Mir, 11, Platja de Palma, Palma

↙ 칸 후안 데 사이고의 엔사이마다.
↓ 앤티크 가구, 대리석 테이블, 샹들리에 등이 고전적 분위기를 자아내는 칸 후안 데 사이고.

Can Joan de s'Aigo
칸 후안 데 사이고

300년 전통의 달콤한 맛   팔마 시내의 작은 골목에 자리한 이 카페는 1700년대부터 마요르카 전통 디저트를 만들어온 곳으로, 오랜 세월이 느껴지는 클래식한 분위기 속에서 로컬 감성을 만끽할 수 있다. 팔마에 총 3개의 지점이 있으며, 관광객은 물론 현지인들에게도 사랑받아 대기줄이 많으니 참고할 것. 대표 메뉴는 마요르카 전통 디저트 엔사이마다로, 쫄깃한 식감에 슈가파우더의 은은한 단맛이 어우러진다. 여기에 핫초코나 아이스크림을 곁들이면 더욱 달콤한 조합을 즐길 수 있다.

- 매일 8am~9pm
- 1호점 Carrer Can Sanç, Palma
  2호점 Carrer del Baró de Santa Maria del Sepulcre, 5 Palma
  3호점 Carrer del Sindicat, 74 Palma
- canjoandesaigo.com/en

포르넷 데 라 소카의 아기자기한 내부.

Fornet de la Soca
포르네트 데 라 소카

시간이 멈춘 듯한 전통 빵집 고풍스러운 손글씨가 새겨진 간판과 곡선 장식, 아르누보풍 외관이 가장 먼저 시선을 사로잡는다. 올드타운의 오래된 공간을 그대로 살려 문을 연 마요르카 전통 빵집으로, 현지 전통 레시피를 복원하고 계승하는 베이커리로도 유명하다. 독특한 외관만큼 내부에도 신기한 아이템이 가득해 구경하는 재미가 있다. 낡은 벽면 한 쪽은 오래된 레시피 북으로 빼곡히 채워져 있고 다른 한 쪽에는 빵틀이 전시돼 있다. 마요르카 전통 디저트 엔사이마다와 함께 다양한 베이커리를 맛볼 수 있으며 마요르카 전통 식재료도 구매 가능하다.

◎ 화~토 9am~8pm, 일·월 휴무
ⓐ Plaça de Weyler, 9, Centre, Palma
ⓦ fornetdelasoca.com

Restaurante Il Paradiso
레스토란테 일 파라디소

지중해 절벽 위 낭만 식탁 절벽 위에 자리해 이탈리아어로 천국을 의미하는 상호명처럼 마치 구름 위에 떠 있는 듯한 분위기를 자아내는 곳이다. 탁 트인 지중해 풍경을 바라보며 식사를 즐길 수 있어 마요르카의 인기 맛집으로 손꼽힌다. 바다와 가장 가까운 테이블은 1인당 60유로 이상 주문이 필수. 성수기에는 이용 시간에 제한이 있으며, 석양을 볼 수 있는 저녁 시간대의 야외 좌석은 인기가 높아 사전 예약을 해야 한다. 이곳이 많은 이에게 사랑받는 이유는 전망 때문만은 아니다. 기대 이상으로 훌륭한 음식도 한몫한다. 랍스터 파스타(Spachetti All'astice)와 양고기 요리(Agnello di Angelo)가 대표 메뉴. 가격은 20~40유로 정도로, 와인을 곁들인다면 1인당 60유로는 쉽게 채울 수 있다. 절경과 미식, 분위기의 삼박자를 고루 갖춘 특별한 저녁을 위한 완벽한 장소다.

◎ 매일 12:30pm~12am
ⓐ Avinguda de Joan Miró, 243, Ponent, Palma
ⓦ www.ilparadiso.es

Nala Brunch & Coffee
날라 브런치 앤 커피

팔마의 아침을 여는 곳　메르카트 데 올리바르 근처의 브런치 카페. 젊은 감각이 묻어나는 인테리어와 아담한 정원이 인상적이다. 토스트, 샌드위치, 아사이볼 등 다양한 브런치 메뉴는 물론, 건강을 생각한 신선한 스무디와 맛 좋은 커피도 함께 즐길 수 있다. 따뜻한 인사로 맞이하는 직원의 친절한 서비스 덕분에 방문객의 만족도도 높다. 이른 오후에 영업을 종료하니 방문 전 운영 시간을 확인하는 것이 좋다.

- 월~금 9am~4pm, 토·일 9am~2pm, 목요일 휴무
- Carrer de la Missió, 15, Centre, Palma

Fika Farina coffee and bakery
피카 파리나 커피 앤 베이커리

팔마 골목에서 만나는 스웨덴 감성　팔마에서 스웨덴 감성을 느낄 수 있는 모던한 오픈 베이커리 카페. 이른 아침 갓 구운 빵 냄새에 발길을 멈추게 되는 곳이다. 내부에 좌석이 없어 대부분 테이크아웃을 하지만, 외부에 마련된 작은 벤치에서 짧은 여유를 즐길 수 있다. 담백한 식사빵부터 달달한 디저트류까지 종류가 다양한데, 그중에서도 스웨덴식 시나몬 롤인 카넬불레 (Kanelbulle)와 페이스트리를 추천한다. 겉은 바삭하고 속은 폭신한 카넬불레는 일반 시나몬 롤보다 덜 달고 담백한 맛을 자랑한다. 늦은 오후에는 인기 있는 빵이 소진될 가능성이 높아 오전에 방문하길 권한다.

- 매일 8am~8pm
- C. del Sindicat, 4, Centre, Palma

Rivareno Catedral
리바레노 카테드랄

대성당 옆에서 만난 완벽한 한 스쿱　리바레노는 이탈리아 젤라토 브랜드로, 시내에 총 3개 지점을 운영하고 있다. 팔마 대성당 옆에 자리한 리바레노 카테드랄은 가장 접근성 좋은 매장이다. 밀도 높고 쫀득한 식감이 특징이며 클래식 젤라토부터 소르베, 스페셜 메뉴까지 다양한 종류의 젤라토가 준비돼 있다. 주문 금액이 10유로 이하일 경우 현금 결제만 가능하다.

- 매일 10am~12am
- Plaça de la Seu, 1, Centre, Palma
- www.rivareno.com

↗ 피카 파리나 커피 앤 베이커리의 갓 구운 빵들.
↑ 아침부터 오가는 사람들로 가득한 날라 브런치 앤 커피.

바 에스파냐 앞에서 기다리는 사람들.

TO BUY

Rialto Living
리알토 리빙

예스러움과 모던함이 공존하는 감각적인 편집숍 한때 몰타 귀족의 저택이었던 공간을 개조해 만든 라이프스타일 편집숍. 특별한 기념품을 찾는다면 추천하는 장소다. 1층에는 의류와 도서, 문구, 주방용품이 진열돼 있고, 2층에는 인테리어 아이템, 다양한 라이프스타일 브랜드와 카페 등이 한데 모인 복합 문화 공간이 들어서 있다. 공간에 따뜻한 분위기를 더하는 아름다운 목재 천장도 볼거리다. 한쪽에 자리한 카페에서는 커피와 디저트, 가벼운 식사를 즐길 수 있어 쇼핑 중간 휴식을 취하기에 더없이 좋다.

- 월~토 11am~7pm, 일 휴무 Carrer de Sant Feliu, 3, Centre, Palma
- rialtoliving.com/en

↓ 높은 천장과 아치 구조, 세련된 인테리어가 인상적인 리알토 리빙.

팔마 시내 전경.

Flor de Sal d'Es Trenc - Cort Shop
플로르 데 살 데스 트렝크 – 코르트 숍

마요르카에서 꼭 챙겨야 할 한 줌의 바다 다양한 종류의 마요르카산 천연 소금을 만날 수 있는 마요르카 대표 소금 브랜드의 매장. 팔마 시청 맞은편을 비롯해 발데모사와 세스 살리네스 등지에 매장을 두고 있다. 기본 소금 외에도 레몬, 올리브, 토마토 등 식자재와 함께 갈아 만든 향미 소금은 마요르카에서 꼭 사야할 필수 아이템. 독특한 맛과 향으로 요리의 풍미를 더해준다. 모든 제품은 시식이 가능하며 다양한 용량의 제품이 구비돼 있어 선물용으로도 손색없다. 소스, 스프레드, 주방 소품 등도 함께 판매하고 있으니 요리에 관심이 있다면 즐거운 쇼핑이 될 것이다.

- 월~토 10am~8pm, 일 10am~7pm
- Plaça de Cort, 14, Distrito Centro, Palma
- www.flordesal.com

Típika
티피카

로컬의 감성과 손길이 담긴 선물 가게 팔마 대성당 인근에 자리한 이 숍은 흔한 관광 기념품이 아닌 특별한 선물을 찾는 이들에게 추천할 만한 장소다. 마요르카 현지 아티스트의 창의적인 수공예품을 중심으로 문구, 식료품 등 다양한 로컬 아이템을 판매하고 있다. 취향에 맞는 제품을 추천해주는 사장님의 세심한 서비스도 이곳을 찾는 이유 중 하나다.

- 월~금 10:30am~5pm, 토·일 10:30am~3pm
- Carrer d'En Morei, 7, Centre, Palma

Mimbrería Vidal
밈브레리아 비달

장인의 손에서 완성된 라탄의 매력 모자와 가방부터 바구니, 인테리어 소품까지 다양한 라탄 제품을 만날 수 있는 장소다. 마요르카의 강한 햇빛을 차단해주는 라탄 모자가 특히 인기인데, 사이즈가 다양해 선택의 폭이 넓은 것이 장점. 가격대는 다소 있는 편이지만 마요르카 지역 장인이 손수 제작해 뛰어난 퀄리티를 자랑하는 제품이기 때문에 쉽게 지갑을 열 만하다. 오전과 오후로 나눠 운영하며 오후 1시부터 4시 30분까지는 브레이크 타임으로 문을 닫는다는 점을 참고할 것.

- 월~금 9:30am~1pm & 4:30pm~7:30pm, 토 9:30am~1pm, 일 휴무
- Carrer de la Corderia, 13, BAJO, Distrito Centro, Palma
- www.mimbreriavidal.com

Mercat de Santa Catalina
메르카트 데 산타 카탈리나

팔마에서 가장 오래된 시장 과거 어촌 지역이었던 산타 카탈리나 지역에 자리한 이 시장은 팔마 중심지에서 조금 떨어져 있어 한적한 분위기를 느낄 수 있다. 1920년에 처음 지은 팔마에서 가장 오래된 시장으로, 인근 레스토랑과 카페에 신선한 식자재를 공급하는 중요한 역할을 한다. 규모가 크지 않지만, 채소, 과일, 하몽, 치즈, 수산물 등 다양한 식자재를 만날 수 있으며, 선물용으로 구입하기 좋은 꿀과 소금, 올리브오일도 판매한다. 시장 내 타파스 바에서 간단히 요기하거나, 소소하게 쇼핑을 즐기며 둘러보는 재미도 있다. 시장을 중심으로 작은 카페가 모여 있어 여유 있게 현지인들의 삶을 엿보기에 좋은 장소다.

- ⓞ 월~토 7am~3pm, 일 휴무
- ⓐ Plaça de la Navegació, s/n, Ponent, Palma
- ⓦ www.mercatdesantacatalina.com

↓ 팔마의 유서 깊은 재래시장 메르카트 데 올리바르.

Mercat de l'Olivar
메르카트 데 올리바르

전통과 미식의 향연 1951년 팔마 중심부에 문을 연 유서 깊은 재래시장. 마요르 광장, 버스터미널에서 도보 3분 거리에 자리해 있다. 두 개의 L자형 홀이 서로 마주보고 있는 구조로, 마치 두 팔을 벌려 광장을 감싸는 듯한 형태를 띤다. 2층짜리 오래된 건물이지만 현대식 에스컬레이터가 설치돼 있어 편리하게 둘러볼 수 있다. 채소와 과일, 정육, 생선 등을 판매하는 1층에서는 하몽과 치즈 등 현지 특산물을 놓치지 말 것. 스페인 슈퍼마켓 체인 메르카도나(Mercadona)가 입점한 2층에는 마켓에서 구입한 음식을 맛볼 수 있는 공간을 비롯해 다양한 편의시설이 갖춰져 있다. 메르카트 데 올리바르는 단순한 재래시장을 넘어 다양한 미식을 향유하는 공간이기도 하다. 신선한 식자재는 물론, 전통과 현대가 결합된 요리를 다양한 주류와 함께 즐길 수 있기 때문. 핫도그, 떡볶이, 삼각김밥 등 한국식 분식을 판매하는 상점도 있으니, 한식이 그리울 때 방문해봐도 좋다.

- ⓞ 월~토 7am~3pm, 일 휴무
- ⓐ Plaça de l'Olivar, s/n, Centre, Palma
- ⓦ www.mercatolivar.com

마요르카 인물 이야기 — 1

> 나는 마요르카에서 전적으로 자유로워졌다.
> 이곳은 나에게 상상력의 날개를 달아주었고 내 예술적 경계를 확장시켜주었다.
> – 호안 미로

호안 미로

세계적인 20세기 현대미술가 호안 미로(1893~1983). 그의 할머니와 어머니가 모두 마요르카 출신이라 어린 시절 종종 이곳을 방문했다고 한다. 1956년 미로가 마요르카에 정착하면서 섬과의 인연은 더욱 깊어진다. 90세의 나이로 사망할 때까지 마요르카의 대지에 캔버스를 펼치고 섬의 산과 바다, 하늘을 온몸으로 느끼며 자연에서 받은 영감으로 자신만의 독특한 스타일을 발전시켰다. 미로는 생전에도 그의 예술 세계에 마요르카가 미친 영향에 대해 자주 언급하곤 했다. 마요르카가 자신의 예술적 한계를 넓혀주었다는 그의 말처럼 이 섬은 미로에게 마음껏 상상력을 발휘하고 자유롭게 표현할 수 있는 무대가 되어준 셈이다.

Plus Info

마요르카에서 탄생한 호안 미로의 대표작

<Blue I, II, III>(1961)
마요르카 스튜디오에서 그린 3부작으로, 미로의 독특한 스타일을 볼 수 있는 대표작. 작품 전체의 푸른빛은 마요르카의 푸른 하늘과 바다에서 영감을 받았다고 알려져 있다.

<The Gold of the Azure>(1967)
푸른색과 황금색의 강렬한 대비가 조화를 이루는 작품으로, 마요르카의 자연에서 얻은 영감과 상상력을 엿볼 수 있다.

<Sol de Miro>(1983)
스페인 정부가 호안 미로에게 의뢰한 작품으로, 현재 스페인관광청의 로고로 사용되고 있다. 당시 관광청이 내세운 '스페인, 태양 아래 모든 것'이라는 슬로건에 걸맞게 미로가 영향을 받은 자연의 이미지, 색채가 담겨 있다.

안익태 선생

팔마 곳곳에 애국가를 작곡한 안익태 선생(1906~1965)의 흔적이 남아 있다. 바르셀로나에서 지휘자로 활동하던 그는 스페인 여성과 결혼하며 현지에 뿌리를 내렸다. 1946년 마요르카 교향악단의 지휘봉을 잡게 되면서 섬의 아름다움에 반해 마요르카에서 노년을 보내기로 결정한다. 이주 후에는 전 세계를 돌며 활약하던 이전과 달리, 작곡 활동에 전념했다. 이 시기에 그는 국제적으로도 큰 주목을 받아 크고 작은 음악회를 개최하며 다양한 음악 활동을 펼쳤다. 1965년 생을 마감한 뒤 마요르카의 산타마리아 묘지(Santa Maria Cemetery District)에 안장됐다가, 1977년 국립묘지로 이장돼 고국의 품으로 돌아왔다.

Sóller

소예르

면적.	42.8km²
인구.	약 1만 3,860명

골짜기 사이로 황금빛 오렌지가 무수히 열려 있는 모습이 마치 '황금의 계곡'을 연상시키는 소예르는 마요르카 북서부에 위치한 작은 마을이다. 마요르카 내에서도 산간 마을과 항구가 균형 있게 발달한 몇 안 되는 지역으로, 마을을 감싼 트라문타나 산맥과 올리브 나무, 오렌지 나무가 어우러진 풍경이 인상적이다. 오렌지와 레몬이 유명한 지역인 만큼 갓 짜낸 오렌지 주스는 소예르에서 꼭 맛봐야 하는 음식으로 꼽힌다. 마을과 항구를 잇는 나무 트램은 100년이 넘는 오랜 역사를 자랑하는 이 지역의 또 다른 명물. 과거 화물 운송수단으로 사용되던 것이 오늘날 소예르의 아이콘으로 자리 잡아 관광객들에게 사랑을 받고 있다. 마을 골목골목을 산책하며 느긋하게 커피를 마시고, 항구에서 빨갛게 물드는 석양을 감상하다 보면 소예르의 매력에 깊이 빠질 수 밖에 없을 것이다.

↑ 나무 트램이 오가는 소예르 마을.

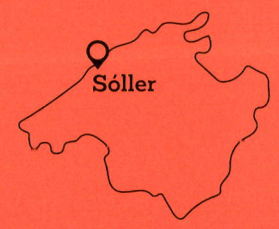

TO SEE

Església de Sant Bartomeu de Sóller
성 바르토메우 교회

가우디의 제자가 설계한 파사드 13세기 초 로마네스크 양식으로 건축된 이후 여러 차례 개보수를 거치며 다양한 건축 양식이 혼합된 오늘날의 모습을 띠게 되었다. 1904년 마요르카 출신이자 가우디의 제자인 건축가 호안 루비오(Joan Rubió)가 교회 파사드를 새롭게 디자인했는데, 덕분에 로마네스크와 고딕 양식에 가우디에게 영향을 받은 근대주의적 장식이 더해져 과거와 현대가 공존하는 독특한 분위기를 자아낸다. 안으로 들어서면 팔마 대성당과 마찬가지로 커다란 장미창이 눈길을 끈다. 정교한 석조 조각과 화려한 스테인드글라스로 이뤄진 창에 햇빛이 통과하면 형형색색의 아름다운 빛이 내부를 감싸 마치 영혼을 위로하는 듯 성스러우면서도 편안한 느낌이 든다.

Ⓐ Plaça de sa Constitució, 1, Sóller　Ⓦ www.cristiansvalldesoller.com

→ 고딕과 아르누보 양식이 조화를 이룬 성 바르토메우 교회의 파사드.

Plaça de la Constitució
콘스티투시온 광장

소예르 여행의 시작　소예르 마을 중심에 위치한 광장으로, 소예르 여행의 시작점이자 중심이다. 야자수와 오렌지 나무가 가득해 이국적인 분위기를 풍기고 주변에 다양한 카페와 레스토랑, 상점이 자리한다. 여기저기 둘러봐도 되지만, 마음에 드는 카페에 자리를 잡고 여유롭게 분위기를 즐기는 것도 괜찮은 방법이다. 콘스티투시온 광장은 현지인들의 교류의 장이기도 하다. 매주 토요일 오전 9시부터 오후 2시까지 주말 시장이 열려 인파로 북적인다. 각종 수공예품과 음식, 식자재 등 다양한 품목을 판매하는데, 소예르에서 재배한 신선한 오렌지와 레몬도 포함돼 있다. 주문 즉시 착즙해주는 오렌지주스 매대가 보인다면 꼭 한 잔 맛보길 추천한다. 귤튜 과일을 이용한 다양한 음식도 맛볼 수 있다.

Ⓐ Plaça de sa Constitució, Sóller

↑ 광장에서 시간을 보내는 사람들.
↓ 소예르의 중심인 콘스티투시온 광장.

Sala Picasso i Sala Miró
피카소 & 미로 갤러리

작지만 수준 높은 전시를 만날 수 있는 곳 소예르 기차역 1층에 위치한 작은 갤러리. 스페인을 대표하는 세계적인 예술가 파블로 피카소와 호안 미로의 작품이 주로 전시되어 있다. 특히 도자기에 매료됐던 노년의 피카소가 남긴 작품, 다양한 색채와 단순한 형태를 활용한 호안 미로의 그래픽 아트는 꼭 감상할 것. 기차역 한편에 마련된 무료 전시지만, 전시 구성은 기대 이상이다. 30분이면 충분히 둘러볼 수 있는 아담한 규모 덕분에 열차나 트램 탑승 전 가볍게 관람하기에 좋다.

◎ 화~토 10:30am~5pm, 일·월 휴무
ⓐ Plaça d'Espanya, 6, Sóller

↓ 피카소 & 미로 갤러리 내 전시된 피카소의 사진.
↓ 갤러리가 자리한 소예르 기차역.

Can Prunera
칸 프루네라

건축물부터 하나의 예술 작품 20세기 초 아르누보 양식으로 지은 저택을 개조해 문을 연 박물관. 마요르카 출신 예술가들의 작품을 중심으로, 다양한 근현대 예술 작품을 전시한다. 소예르가 자연환경만 아름다운 곳이 아니라 문화·예술적으로도 뛰어난 지역이라는 것을 확인할 수 있는 장소. 마을 풍경과 어우러지는 구불구불한 형태의 건축물은 그 자체로 소예르의 랜드마크라 할 만하다. 전시 못지 않게 정교한 내부 장식과 가구도 볼만해 예술에 관심이 있다면 방문해보길 추천한다.

- 4월 15일~10월 31일 월 10am~6:30pm, 화·수·목 10am~8pm, 금·토 10am~10pm, 일 10am~2:30pm
- Carrer de sa Lluna, 86, Sóller
- canprunera.com

Plus Info

칸 프루네라에서 놓치면 안 될 작품
산티아고 루시뇰
<Jardines de Aranjue>
스페인 모더니즘에서 빼놓을 수 없는 작가 산티아고 루시뇰(Santiago Rusiñol)의 작품. 자연에 대한 애정과 예술적 감수성을 느낄 수 있다.

에르메네길도 앙글라다 카라마사
<Bailarinas Gitanas>
집시 무희를 주제로 한 에르메네길도 앙글라다 카라마사(Hermenegildo Anglada Camarasa)의 작품. 대담한 색채와 역동적인 구도가 몰입감을 높인다.

↑ 칸 프루네라 박물관이 들어선 건물.
→ 박물관 내 자리한 기념품 숍.

Museu de la Mar - Port de Sóller
소예르 해양박물관

절벽 위 한 폭의 그림 같은 박물관 과거 소예르 항구의 어업과 해양 활동을 소개하는 전시를 통해 소예르 사람들이 바다와 얼마나 밀접하게 살아왔는지를 엿볼 수 있는 장소다. 항구가 내려다보이는 절벽 위에 자리해 마치 한 폭의 그림 같은 풍경이 연출되고, 푸른 바다와 대비되는 붉은 빛의 지붕은 강렬한 색감으로 이국적인 분위기를 풍긴다. 특히 해 질 무렵 석양이 바다를 황금빛으로 물들일 때면 마치 금빛 물결이 일렁이는 듯한 낭만적인 장면을 마주할 수 있다.

- 5~9월 수~토 10am~5pm, 일 10am~2pm, 월·화 휴무
  10~4월 화~토 10am~3pm, 일 10am~2pm, 월 휴무
- Carrer de Santa Caterina d'Alexandria, 54, Sóller
- museumaritim.conselldemallorca.es

↑ 소예르에서 재배한 오렌지를 맛볼 수 있는 에코빈야사.

↑ 박물관에서 내려다보이는 풍경.
↑ 소예르 해양박물관 내부.

Ecovinyassa
에코빈야사

유기농 오렌지 체험 농장

마을 중심부에서 차로 5분 거리에 위치한 유기농 농장. 오렌지와 레몬 농장을 둘러보는 체험 프로그램을 진행한다. 농장을 둘러보고 갓 수확한 신선한 오렌지를 즉석에서 맛보는 코스가 포함돼 있는데, 그동안 맛본 오렌지와는 차원이 다른 풍부한 과즙과 깊은 맛에 감탄이 절로 나온다. 투어는 홈메이드 마멀레이드를 곁들인 가벼운 점심 식사와 함께 마무리된다. 이외에 공작새, 닭 등 농장에서 키우는 동물도 볼 수 있고, 아이들을 위한 놀이터도 조성돼 있어 가족 여행 시 방문을 하기에도 좋다. 마요르카의 자연을 조금 더 가까이에서 체험할 수 있는 기회다. 사전 예약제로 운영되고 있고 주 4회, 1시간 간격으로 네 차례 진행한다.

- 월·수·목·금 10am~3pm, 화·토·일 휴무
- Carr. de Fornalutx, 3, Sóller
- www.ecovinyassa.com/en

TO EAT

Ca'n Llimona
칸 엘리모나

소예르에서 만나는 이탈리아 가정식 현지 가정집에 초대받은 것 같은 따뜻하고 아늑한 분위기의 이탈리아 레스토랑. 소예르의 작은 골목길에 자리해 아는 사람만 찾아가는 곳이지만, 알고 보면 예약 없이는 식사가 어려울 정도로 인기 있는 맛집이다. 현지 농산물을 활용해 건강하고 신선한 이탈리아 요리를 선보이며 와인과 레몬에이드를 곁들일 수 있다. 파스타 주문 시에는 맵기 조절도 가능하다. 대표 메뉴는 라자냐와 라비올리. 이탈리아 대표 디저트 중 하나인 티라미수는 이탈리아 본토에 견주어도 뒤지지 않을 만큼 훌륭한 맛을 자랑하니 아무리 배가 불러도 꼭 주문하는 것을 추천한다. 식사 공간은 주인이 하나하나 모은 아기자기한 소품이 가득한 실내 좌석과 중정 구조의 야외 좌석으로 이루어져 있다. 음식 조리 시간이 꽤 긴 편이기 때문에 여유 있게 방문하는 것이 좋다. 현금 결제만 가능하니 참고할 것.

- 목~월 12:30pm~4pm & 6:30pm~9pm, 화·수 휴무
- Carrer de la Victòria 11 Maig, 12, Sóller
- canllimona.com

↑ 칸 엘리모나의 내부 전경.
↑ 로컬 식자재로 이탈리아 음식을 선보이는 칸 엘리모나.
↙ 킹피셔 레스토랑의 블랙 시푸드 스파게티.
↙ 소예르 항구 특유의 여유가 담긴 킹피셔 레스토랑의 외관.

Kingfisher Restaurant
킹피셔 레스토랑

신선한 해산물 맛보고 전망 감상까지 한국인들에게 소예르 항구 맛집으로 정평이 난 레스토랑. 다양한 해산물 메뉴와 아름다운 경치를 함께 즐길 수 있는 곳이다. 대표 메뉴는 칼라마리(Fried Calamari Rings in Panko Crumbs)와 오늘의 생선(Grilled Whole Fish of the Day). 특히 오늘의 생선은 당일 공수한 신선한 생물을 통째로 구워 주는데 파키스탄, 영국, 스페인산 소금 세 가지를 곁들여 취향대로 즐길 수 있다. 항구와 요트가 보이는 야외 좌석을 원하거나, 저녁 식사를 하려면 사전 예약이 필수다. 만약 예약을 하지 못했다면, 식사 시간을 피할 것을 추천한다. 애매한 시간대에 방문하면 운 좋게 식사가 가능한 경우도 있다. 레스토랑 바로 옆 계단을 따라 올라가면 전망대 플라카 데 산타 카타리나(Plaça de Santa Catarina)가 나오는데, 식사 후 산책 겸 방문해 멋진 경치를 감상하면 좋다.

- 화~토 12:15pm~ 4:00pm & 6:30pm~9:30pm, 일·월 휴무
- Carrer de Sant Ramon de Penyafort, 25, Port de Sóller
- kingfishersoller.com

city guide

Espiritu Libre
에스피리투 리브레

계절이 담긴 타파스 맛집 소예르 항구 중심부의 골목에 자리한 레스토랑. 아기자기한 인테리어와 친절한 서비스가 매력적인 곳이다. 스페인에서 흔히 볼 수 있는 대표적인 로컬 음식뿐 아니라, 창의적이고 독특한 메뉴를 제공해 선택의 폭이 넓다. 계절에 따라 구성이 달라지는 타파스 플래터(Tapas Platter)는 여러 음식을 골고루 맛볼 수 있어 필수 주문 메뉴. 코스 가격이 합리적인 편이라 저녁 식사를 하기에도 괜찮다.

- 목~월 1pm~2:30pm & 6:30pm~9:30pm, 화·수 휴무
- Carrer de Jaume Torrens, 7, Port de Sóller

Gelat Sóller
젤라트 소예르

30년 전통에 빛나는 젤라토의 맛 재래시장 메르카트 무니시팔(Mercat Municipal) 맞은편에 위치한 젤라토 가게. 2024년에 30주년을 맞이한 전통 있는 곳이다. 외부에 마련된 테이블에 앉으면 코앞으로 지나가는 나무 트램을 구경하며 젤라토를 맛볼 수 있다. 내부 공간도 널찍해 여행 중 잠시 휴식을 취하며 당 충전을 하기에 좋다. 가장 추천하는 젤라토 메뉴는 소예르 지역에서 수확한 당도 높은 오렌지로 만든 타로나 셔벗(Taronja Sherbet). 상큼함에 크리미한 맛이 더해져 독특한 매력을 느낄 수 있다.

- 매일 10am~8pm
- Avenida Cristobal Colom, 17, Sóller
- www.gelatsoller.com

↗ 오픈된 공간에서 여유로운 식사를 즐길 수 있는 에스피리투 리브레.
↑ 젤라트 소예르의 수제 젤라토.
→ 아늑한 인테리어가 인상적인 미가 데 누베의 내부.

Miga de Nube
미가 데 누베

지중해 감성의 브런치 카페 벽에 의자가 달려 있는 독특한 입구 덕분에 눈길을 끄는 곳. 갤러리를 연상시키는 외관과 아기자기한 내부 정원이 어우러져 색다른 분위기를 풍긴다. 건강한 지중해 식단으로 구성된 가벼운 식사 메뉴와 빵, 케이크 등 달달한 디저트를 맛볼 수 있다. 레몬 나무와 오렌지 나무가 가득한 정원에서 여유롭게 브런치를 즐겨보길 추천한다.

- 월~목 10am~7pm, 금·토 10am~5:30pm, 일 휴무
- Carrer de sa Lluna, 70, Sóller
- www.migadenube.com

Valldemossa

발데모사

면적.	42.93km²
인구.	약 2,100명

마요르카 서쪽에 위치한 발데모사는 푸른 산맥에 둘러싸인 작은 마을로, 해안 지역과는 또 다른 풍경을 보여준다. 올리브 나무와 아몬드 나무가 울창하고, 초록색 문과 창틀이 시선을 사로잡는 베이지 톤의 건물이 이어져 마치 동화 속 마을 같은 느낌이 든다. 이곳은 프레데리크 쇼팽(Frédéric Chopin)과 조르주 상드(George Sand)가 머물렀던 곳으로도 잘 알려져 있다. 시간이 멈춘 듯한 분위기의 마을 곳곳을 거닐다 보면 과거 그들이 이곳에서 발견했을 예술적 영감이 전해지는 듯하다. 많은 관광객의 사랑을 받는 곳으로 낮 시간대에 방문하면 수많은 인파와 주차난에 시달릴 수 있으니 이른 오전 혹은 늦은 오후에 방문하는 것이 좋다. 발데모사 일대에서 숙박을 하며 고즈넉한 분위기를 여유 있게 느껴보는 것도 괜찮은 방법이다.

↑ 석조 주택과 초록 셔터 창이 이어지는 발데모사의 골목길.

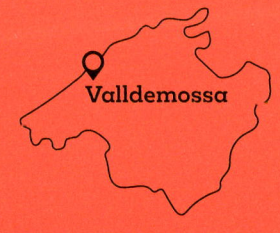

↑ 중세 수도원의 절제된 아름다움을 간직한 카르투하 수도원.
↙ 수도원 내에 있는 쇼팽 동상.

TO SEE

Carthusian Monastery
카르투하 수도원

발데모사를 대표하는 랜드마크 아라곤 왕국의 하우메 2세가 그의 아들 산초(Sancho)를 위해 설계한 궁전이었으나, 1399년 카르투하 수도회에 양도된 이후 수도원으로 사용되었다. 내부에는 회랑, 옛 약국, 정원, 수도실 등 옛 모습이 그대로 남아 있다. 아치형 복도를 따라 이어진 수도실에는 수도사들이 사용하던 물건이 전시돼 있어 당시의 생활상을 엿볼 수 있고, 1895년까지 사용되던 마요르카에서 가장 오래된 약국이자 유럽 내에서 가장 잘 보존된 약재상으로 꼽히는 수도원 약국, 16세기 해적의 공격을 방어하기 위해 세운 탑도 흥미로운 볼거리다. 참고로, 탑에 올라 발데모사의 마을 전경을 감상하려면 탑 입장이 포함된 티켓을 구입해야 한다. 발데모사의 문화와 역사 유물이 전시된 시립박물관과 수도원 방문객을 위한 15분간의 피아노 공연이 열리는 콘서트 홀도 수도원 내 자리해 있다.

◎ 월~금 10am~5pm, 토 10am~4pm, 일 휴무
ⓐ Plaça Cartoixa, s/n, Valldemossa
Ⓦ cartoixadevalldemossa.com

Celda de Frédéric Chopin y George Sand
프레데리크 쇼팽과 조르주 상드의 방

쇼팽의 빗방울 전주곡이 탄생한 곳 쇼팽과 그의 연인 조르주 상드가 실제 머물렀던 카르투하 수도원의 4번 수도실을 개조한 박물관. 1838년 말 건강 악화로 요양차 발데모르를 찾은 쇼팽은 상드와 함께 두 달여간 이곳에서 생활했다. 쇼팽이 작곡과 연주를 위해 사용했던 피아노와 악보, 생활용품이 전시되어 있고, 마요르카에서의 삶을 엿볼 수 있는 편지와 각종 문서도 볼 수 있다. 특히 박물관에 전시된 피아노는 현존하는 쇼팽의 피아노 중 가장 오래된 것으로 알려져 있다. '빗방울 전주곡'으로 유명한 작품 번호 25, 15번(Op.25, No.15)을 포함한 24개의 전주곡 대부분이 이곳에서 탄생했다. 비 오는 날, 4번 수도실과 연결된 정원에 있으면 마치 빗방울 전주곡이 들리는 듯한 느낌도 든다. 참고로 쇼팽과 상드의 방은 카르투하 수도원과 별개로 운영하기 때문에 별도의 매표소에서 티켓을 구입해야 한다.

◎ 2~10월 매일 10am~5:30pm, 11~1월 월~토 10am~4pm, 일 휴무
ⓐ Real Cartuja de Valldemossa Plaza Cartuja 9, Valldemossa
Ⓦ www.celdadechopin.es

Museu Municipal de Valldemossa
발데모사 시립박물관

도시의 문화 유산을 엿볼 수 있는 곳 규모는 작지만 발데모사의 풍부한 문화 유산을 확인할 수 있는 장소. 14세기 카르투하 수도원의 일부를 개조해 박물관으로 운영하고 있다. 발데모사와 관련된 다양한 유물뿐 아니라 이 지역과 관련된 예술가의 삶과 작품에 관한 전시를 만날 수 있다. 특히 쇼팽과 상드처럼 우리에게도 친숙한 예술가들이 발데모사에서 어떤 예술적 영감을 얻었는지 엿볼 수 있어 흥미롭다. 17세기부터 이어진 마요르카의 전통 목판 가문 구아스프(Guasp)의 다양한 목판 인쇄물도 볼만하고, 19세기 마요르카를 탐험하고 연구한 오스트리아의 루트비히 살바도르 대공(Ludwig Salvator of Austria)의 업적을 기리는 공간도 마련돼 있다.

- 월~금 10am~5pm, 토 10am~4pm, 일 휴무
- Plaça Cartoixa, 13T, Valldemossa

↑ 수도원 복도에 설치된 쇼팽과 상드의 대형 인형.
↙ 중세 수도원의 건축 양식이 보존된 발데모사 시립박물관의 내부.

Son Moragues
손 모라게스 농장

지역의 자연과 전통을 경험하는 체험 프로그램 올리브, 과일 등 다양한 농작물을 재배하는 농장으로, 유네스코 세계문화유산에 등재된 트라문타나 산맥에 자리해 있다. 500년 이상의 역사를 자랑하는 대저택과 과수원, 오래된 숲을 아우른다. 올리브, 프리미엄 올리브오일, 토마토 등 직접 재배한 작물로 만든 다양한 제품을 판매하고, 과수원에서의 피크닉을 포함한 체험 프로그램도 운영한다. 단순히 현지 특산품을 맛보고 구입하는 것에 그치지 않고, 자연 속에서 온몸으로 느끼고 경험할 수 있는 기회. 올리브오일 체험(1인 95유로, 약 2시간 소요)은 유기농 올리브오일의 재배 과정을 엿볼 수 있는 프로그램이다. 자연과의 공존을 강조하며 전통 방식과 현대 기술을 결합한 농장의 친환경 운영 방식과 유기농 재배 원칙을 배우고 신선한 올리브오일도 맛볼 수 있다. 여유 있는 시간을 보내고 싶은 여행자라면 과수원에서의 피크닉(1인 80유로, 약 2시간 소요)이 제격이다. 가이드와 함께 유기농 방식으로 재배되는 올리브 나무 사이를 거닐고 피크닉을 즐기며 발데모사의 자연을 한층 가까이서 느낄 수 있다. 마요르카의 전통 공예에 관심 있는 이에겐 텍스타일 스튜디오 투어(1인 50유로, 약 2시간 소요)를 추천한다. 이 투어에 참여하면 손 모라게스 텍스타일 스튜디오를 방문해 원자재부터 완제품에 이르기까지 전 과정을 살펴볼 수 있다. 마요르카의 장인 정신과 전통 텍스타일 기법을 알아보고 이를 지키려는 손 모라게스의 활동에도 동참할 수 있는 시간이다.

- 월~금 8am~4pm, 토·일 휴무
- Av. Lluís Salvador Cilimingras, Valldemossa
- sonmo.es

TO EAT

Es Taller Valldemossa
에스 탈레 발데모사

눈이 즐거워지는 플레이팅 신선한 식사재료와 다채로운 플레이팅으로 눈과 입이 즐거운 레스토랑. 다른 곳에서 맛볼 수 없는 퓨전 메뉴를 선보이는데, 그중에서도 세비체와 스테이크를 추천한다. 고수가 들어가는 메뉴가 많으니 고수를 좋아하지 않는다면 사전에 요청하는 것이 좋다. 한국인 관광객 사이에서 미쉐린 레스토랑으로 알려지기도 했으나, 과거 이 자리에 있던 자동차 수리점의 오래된 미쉐린 타이어 간판이 여전히 남아 있는 까닭에 생긴 오해다. 진짜 미쉐린 레스토랑은 아니지만 맛과 분위기, 서비스 모두 맛집으로 인정받기에 손색없다.

- 화~일 1pm~4pm & 7pm~10:30pm, 월 휴무
- Carrer de Santiago Russiñol, 1, Valldemossa
- www.estallervalldemossa.com

↑ 옛 자동차 정비소 자리에 문을 연 에스 탈레 발데모사.
↙ 소박하지만 정갈한 분위기 속에서 전통 음식을 즐길 수 있는 키타 페나스 발데모사.

QuitaPenas Valldemossa
키타 페나스 발데모사

캐주얼한 타파스 바 마요르카의 시골집에 온 것 같은 친근하고 정감 있는 타파스 바. 마요르카의 전통 음식 중 하나로, 빵 위에 현지산 토마토와 올리브오일을 바른 파 암 올리를 맛볼 수 있는 곳이다. 실내와 야외에 테이블이 마련돼 있는데, 날씨가 좋다면 야외 공간에서 식사하는 것을 추천한다. 메뉴 구성은 단순한 편. 2인용 세트 메뉴인 타블라 키타 페나스(Tabla Quita Penas)가 시그니처 메뉴로, 트래디셔널 버전과 비건 버전 중 선택할 수 있다. 총 4가지 토핑이 올라가는데, 마요르카의 맛을 느끼고 싶다면 치즈와 소시지로 구성된 트래디셔널 버전을 추천한다. 다만, 소시지는 맛과 향이 강한 편이라 호불호가 갈릴 수 있다. 트래디셔널과 비건, 반반으로 주문하는 방법도 있다. 가볍게 점심 식사를 하거나 주류를 곁들여 간단하게 저녁 식사를 즐기기에 좋은 장소다.

- 매일 12pm~9:30pm
- Carrer Vell, 4, Valldemossa
- www.quitapenasvalldemossa.com

Restaurante Can Costa Valldemossa
레스토란테 칸 코스타 발데모사

마요르카 전통 요리를 맛볼 수 있는 곳 발데모사에서 데이아로 가는 길에 자리한 마요르카 요리 전문 레스토랑. 마요르카 본토 음식인 툼베트, 아로스 브루트, 코치니요(Cochinillo, 젖먹이 돼지 통구이) 등을 맛볼 수 있다. 신선한 식자재로 만든 로컬 음식과 친절한 서비스 모두 인상적이다. 고즈넉한 분위기의 실내 좌석과 마요르카 전통 건물 사이에 마련된 야외 좌석 중 선택할 수 있다. 참고로 따뜻한 색감의 조명이 불을 밝히는 저녁 시간대에 한층 분위기가 좋다. 날씨가 좋다면 외부 테이블을 추천한다. 레스토랑 규모가 크고 주차 공간도 넉넉한 편이지만 워낙 인기 있는 맛집이라 방문 전 예약은 필수다.

- 매일 1pm~4pm & 7:30pm~10pm
- Carretera Deià Km. 2, 5, Valldemossa
- www.cancostavalldemossa.com/carta

Forn i Pastisseria Ca'n Molinas
포른 이 파스티세리아 칸 몰리나스

마요르카식 감자빵 맛집 3대째 이어져 온 100년 넘은 베이커리 카페로, 발데모사 마을 초입에 위치해 있다. 감자빵이라 불리는 코카 데 파타타로 유명한 곳. 빵 위에 뿌려진 슈가 파우더의 달달함이 담백한 맛과 조화를 이룬다. 자극적이지 않고 슴슴한 맛의 빵을 좋아한다면 한 번쯤 맛볼 만하다. 이외에 엔사이마다 등 다양한 디저트와 샌드위치, 음료 메뉴가 있고, 카페 안쪽에 자리한 작은 정원에 테이블이 마련돼 있어 잠시 쉬었다 가기에 좋다.

- 월~금 7am~8pm, 토 7am~/pm
- Via Blanquerna, 15, Valldemossa

↑ 레스토란테 칸 코스타 발데모사의 대표 메뉴 코치니요.
↗ 낭만적인 분위기의 야외 공간이 딸린 레스토란테 칸 코스타 발데모사.
↑ 포른 이 파스티세리아 칸 몰리나스의 내부 전경.

마요르카 인물 이야기 — 2

> **"**
> 마요르카는 지구상에서 가장 아름다운 장소 중 하나다.
> 이곳의 자연은 경이롭고, 산과 바다가 이루는 조화는 이루 말할 수 없을 만큼 아름답다.
> 낮 동안 햇빛이 비추는 풍경은 매우 환상적이며, 섬의 고요함은 신비롭다.
> – 조르주 상드
> **"**

프레데리크 쇼팽 & 조르주 상드

폴란드 출신의 작곡가이자 피아니스트 프레데리크 쇼팽(1810~1849)은 결핵에 걸려 건강이 악화된 1838년 12월, 연인 조르주 상드(1804-1876)와 두 명의 자녀를 데리고 요양차 마요르카 팔마를 찾았다. 하지만 마요르카에 불어닥친 이례적인 한파 때문에 얼마 지나지 않아 이들은 팔마를 떠나 발데모사로 거처를 옮기게 된다. 마을 외곽의 카르투하 수도원 건물에 머물며 건강 회복과 창작에 집중하려 했지만, 습하고 추운 날씨로 쇼팽의 결핵 증세는 더욱 악화됐다. 여기에 혼인하지 않은 채 동거하는 쇼팽과 상드에 대한 현지인들의 부정적 시선까지 더해지며 생활은 한층 더 어려워졌다. 1839년 2월, 결국 두 사람은 마요르카의 혹독한 겨울과 주민들의 냉대에 지쳐 3개월 만에 프랑스로 돌아갔다. 쇼팽을 돌보며 마요르카에서 힘든 시간을 보내던 소설가 조르주 상드 역시 에세이와 소설을 집필하며 창작 활동을 이어갔다. 마요르카의 아름다운 자연과 사람들에게 받은 깊은 인상을 바탕으로 쓴 <마요르카의 겨울(A Winter in Majorca)>도 그중 하나다. 이 책에 발데모사의 산과 계곡 등 마요르카의 아름다운 자연 풍경에 대한 경외심, 추운 날씨로 인한 실망, 현지 주민들과의 갈등, 마요르카 문화와 생활 방식 등이 상세하게 담겨 있어 당시 상드와 쇼팽의 마요르카 생활이 어떠했는지 짐작할 수 있다. 오늘날 발데모사는 매년 8월 열리는 쇼팽 페스티벌을 비롯해 다양한 방식으로 그의 유산을 기리며 '쇼팽의 마을'로 불린다.

Plus Info

발데모사가 쇼팽에게 남긴 것

Ep 1. '빗방울 전주곡'의 탄생
그의 대표작 중 하나인 <24개의 전주곡(Op. 28)>이 바로 발데모사의 수도원에서 완성한 작품. 그중 15번 전주곡(Prelude No. 15 in D-flat major)은 반복되는 음형이 빗방울 소리를 연상시켜 '빗방울 전주곡'이라는 이름으로 널리 알려져 있다. 마요르카에서의 생활이 쇼팽에게 어떤 영향을 미쳤는지 짐작할 수 있는 작품이다.

Ep 2. 그의 손길이 닿은 피아노
마요르카에 머무는 동안 마음에 드는 피아노를 구할 수 없었던 쇼팽은 프랑스 피아노 제조사인 플레이엘(Pleyel)의 피아노를 가져왔다. 그마저도 마요르카의 습한 날씨 탓에 세심한 조율이 어려웠지만, 쇼팽은 작곡을 포기하지 않고 열정을 불태웠다. 그가 사용하던 플레이엘 피아노는 현재 카르투하 수도원 내 프레데리크 쇼팽과 조르주 상드의 방에 보존돼 있다.

Manacor

마나코르

면적.	151.65km²
인구.	약 4만 7,880명

소박하고 여유로운 현지인의 일상을 좀 더 진하게 느낄 수 있는 도시다. 기원전 2,000년 전부터 사람이 거주해 온 유서 깊은 지역으로 고고학적 유적이 많이 남아 있으며 석회암 지형이 발달해 주변에 크고 작은 동굴도 많다. 세계적인 테니스 선수 라파엘 나달의 고향으로도 유명하며, 나달이 설립한 라파 나달 아카데미가 있어 테니스를 좋아하는 전 세계 팬과 테니스 꿈나무들이 이곳을 찾는다.

↑ 도심을 가로지르는 낮은 건물 위로 교회 첨탑이 비죽 솟아 있는 마나코르의 풍경.

TO SEE

Cuevas del Drach
드라츠 동굴

용의 동굴에서 감상하는 클래식 음악 다양한 크기의 종유석과 석순이 아름다운 마요르카의 대표적인 석회 동굴. 4개의 주요 동굴로 이루어져 있으며, 총길이는 약 1,200미터에 이른다. 내부에 설치된 형형색색의 조명은 석순과 종유석을 더욱 돋보이게 만든다. 동굴의 하이라이트는 거대한 마르텔 호수(Lake Martel) 위에서 진행되는 클래식 연주. 자연이 만든 공간에 웅장하게 퍼지는 선율이 황홀함을 선사한다. 사진·영상 촬영이 금지되어 있어 오직 현장을 방문해야만 누릴 수 있는 특권이다. 하루 입장 인원이 정해져 있기 때문에 성수기에는 사전 예약이 필요하고, 주차장에서 동굴 입구까지 거리가 있는 편이라, 예약 시간보다 최소 15분 일찍 도착하는 것이 좋다.

- 매일 10am~5pm
- Ctra. de les Coves, s/n, Porto Cristo
- www.cuevasdeldrach.com

Cuevas dels Hams
함스 동굴

자연과 빛이 만든 환상적인 지하 세계 종유석과 석순의 생김새가 낚싯바늘을 닮아 함스(카탈루냐어로 '낚싯바늘'이라는 뜻) 동굴이라는 이름을 갖게 됐다. 동굴은 각기 다른 테마로 꾸민 3개의 공간으로 나뉜다. 입구인 라운드 케이브에 들어서면 마요르카 고유 식물과 야생 조류가 서식하는 정원이 펼쳐지며, 블루 케이브에서는 LED 조명과 빔 프로젝터를 통해 마요르카 역사, 동굴의 형성과 발견에 대해 소개한다. 12개의 주요 갤러리와 지하 호수 베니스의 바다(Sea of Venice)로 구성된 클래식 케이브는 함스 동굴의 메인 관람 스폿. 드라츠 동굴보다 현대적이고 화려한 조명을 이용해 자연의 아름다움을 극대화한 것이 특징이다. 내부 온도는 18~20도로, 가볍게 걸칠 겉옷이 필요하고 습기로 인해 바닥이 미끄러우니 접지력 좋은 신발을 신는 것이 좋다.

- 매일 10am~4pm
- Ctra. Ma-4020 Manacor–Porto Cristo, Km. 11, Porto Cristo
- cuevasdelshams.com

↖ 석순과 종유석이 빽빽이 드리워진 드라츠 동굴의 천장.
↑ 함스 동굴의 메인 공간인 클래식 케이브.

↑ 라파엘 나달의 시그니처 포핸드 자세를 형상화한 동상이 자리한 라파 나달 아카데미 입구.

TO EAT

↖ 사 크레페리아 사 바사의 외관.
↑ 가벼운 한 끼 식사로도 훌륭한 크레페.
↓ 소박하면서도 정감 있는 외관이 인상적인
오스페리아 파네 앤 올리오.

Sa Creperia Sa Bassa
사 크레페리아 사 바사

현지의 정취를 담은 크레페 가게 따뜻한 인테리어가 돋보이는 소박한 크레페 맛집. 내용물이 푸짐해 든든한 크레페부터 달콤한 디저트용 크레페까지 10가지가 넘는 종류를 갖췄다. 비건과 글루텐 프리 등 다양한 옵션을 제공하는 등의 섬세한 서비스도 돋보인다. 샐러드를 주문해 크레페에 곁들이면 한 끼 식사로 충분하다.

◎ 화~토 1pm~3pm & 8pm~10:30pm, 일·월 휴무
ⓐ Carrer D'En Francesc Gomila, 2, Manacor

Osteria Pane & Olio
오스테리아 파네 앤 올리오

마나코르 골목에서 만나는 정통 이탈리안 조용한 골목에 위치한 정통 이탈리안 레스토랑. 신선한 해산물을 활용한 파스타와 피자가 대표 메뉴다. 클래식한 인테리어로 꾸민 실내는 물론, 안뜰 주변의 야외 공간에도 테이블이 마련돼 있다. 식사뿐만 아니라 디저트도 인기가 많은데, 피스타치오 티라미수는 꼭 맛보는 것을 추천한다. 진한 견과류 향과 고소한 맛, 달콤함의 균형이 조화롭다. 현금 결제만 가능하다.

◎ 금~월 1pm~3:30pm & 6:30pm~10:30pm,
  목 6:30pm~10:30pm, 수 휴무
ⓐ Carrer del Centre, 12, bj, Manacor

El rincón del Churro
엘 린콘 델 추로

숨은 추로스 맛집   노란색 간판에 귀여운 할머니 일러스트가 보인다면 엘 린콘 델 추로를 제대로 찾은 것이다. 갓 튀겨 따뜻하고 쫀득하면서도 폭신한 추로스와 핫초코의 조화는 그 어디에서도 경험하기 힘든 맛이다. 맛도 훌륭하고 양도 넉넉해 마나코르 주민들의 사랑방 역할을 톡톡히 하는 곳이다. 팔마에서도 사람들이 일부러 찾아올 만큼 인기가 높다. 시즌에 따라 영업 시간이 다르기 때문에 방문 전 오픈 여부 확인은 필수다.

- 월·수·목 8am~1pm(비수기 영업 시간 변동 가능)
- Avinguda d'es Torrent, 4, Manacor

Sa Bakery Cafe
사 베이커리 카페

작은 광장에서 만나는 로컬 카페의 여유   마요르카 작은 광장에 자리한 로컬 감성 카페. 아라비카 원두로 내린 커피와 신선한 현지 식재료로 만든 메뉴를 제공한다. 가벼운 식사로 즐길 수 있는 토스트와 샌드위치를 포함해 다양한 종류의 빵과 스무디도 있다. 무엇보다 깔끔하고 모던한 분위기가 매력적이다. 카페 앞 작은 광장에도 테이블과 의자가 있어 잠시 휴식을 취하기에 좋다.

- 월~금 8:30am~3pm, 토 9am~1pm, 일 휴무
- Plaça del Convent, 8, Manacor

↑ 핫초코와의 조화가 환상적인 추로스.
↗ 귀여운 일러스트 간판이 시선을 사로잡는 엘 린콘 델 추로.
↘ 모던하면서도 러스틱한 인테리어가 특징인 사 베이커리 카페.

TO BUY

Can Garanya
칸 가란야

오랜 역사와 다양성을 자랑하는 쇼핑 스폿   마나코르의 쇼핑 골목인 조안 리테라스 거리 (Carrer d'En Joan Lliteras)에 자리한 칸 가란야는 1928년부터 대를 이어 운영해 온 로컬 상점이다. 총 3개의 매장을 운영하며, 번지수에 따라 칸 가란야 51, 40, 30으로 불린다. 상점마다 판매하는 품목이 달라 구경하는 재미가 쏠쏠하다. 가장 먼저 생긴 칸 가란야 51에서는 에스파드리유 (Espadrille) 샌들을 포함해 전통 디자인 신발을 판매한다. 칸 가란야 40은 라탄 소품과 리빙 인테리어 소품을 중심으로 한 수공예품 전문 매장. 현지 감성이 담긴 독특한 소품이 많아 기념품이나 선물을 구입하기에 제격이다. 가장 현대적인 분위기를 지닌 칸 가란야 30에서는 스페인 로컬 브랜드 제품과 감각적인 디자인의 패션 소품을 만날 수 있다. 할인 품목도 많아 합리적 가격에 로컬 제품을 구입할 수 있는 쇼핑 스폿이다.

- ⓞ 월-금 9:30am~1:30pm & 4:30pm~8:00, 토 10am~2pm & 4:30~8pm, 일 휴무
- Ⓐ 칸 가란야 51 Carrer d'En Joan Lliteras, 51, Manacor,
  칸 가란야 40 Carrer d'En Joan Lliteras, 40, Manacor,
  칸 가란야 30 Carrer d'En Joan Lliteras, 30, Manacor
- ⓦ www.cangaranya.com

↑ 에스파드리유가 진열된 칸 가란야 50.
↗ 테라코타 기와 지붕과 석조 벽이 시골의 매력을 전하는 칸 가란야 40의 외관.
→ 스페인 패션 유행의 흐름을 읽을 수 있는 칸 가란야 30.

마요르카 인물 이야기 — 3

> "타이틀이나 우승 횟수 같은 것보다는 그저
> 마요르카의 작은 마을에서 온 좋은 사람으로 기억되고 싶다."
> – 라파엘 나달

라파엘 나달

스페인 출신의 세계적인 테니스 선수 라파엘 나달(1986~). 마나코르에서 태어난 그는 마요르카에서의 생활이 본인을 지탱하는 삶의 원천이라고 말한다. 테니스 스타가 된 이후에도 대부분의 시간을 가족과 함께 고향에서 보내며 소박한 삶을 살고 있다. 나달의 마요르카 사랑은 지역 사회의 발전을 위한 다방면의 노력으로 이어진다. 라파 나달 아카데미를 설립해 테니스 유망주에게 체계적 훈련과 성장의 기회를 제공하고 테니스를 사랑하는 일반인을 위한 강습 프로그램도 운영하고 있다. 2018년 마요르카에 홍수가 발생했을 때는 모든 스케줄을 취소하고 고향으로 돌아가 피해 복구를 도왔으며, 이재민에게 자신의 아카데미를 거처로 제공하기도 했다. 이외에도 형편이 어려운 아이들을 위해 음식을 기부하고 코로나19 대응을 위한 성금을 모금하는 등 다양한 선행을 펼쳐 스페인 국민들이 가장 좋아하는 스포츠 스타로 손꼽힌다. 2024년 은퇴한 이후에도 마요르카 동부의 작은 마을 포르토 크리스토에 거주하고 있으며, 그의 흔적을 찾아 마요르카를 방문하는 수많은 팬들 덕분에 섬의 관광 산업에도 긍정적인 영향을 미치고 있다.

Plus Info

테니스 애호가를 위한 필수 코스

마나코르에 자리한 라파 나달 아카데미(Rafa Nadal Academy)는 2016년 라파엘 나달이 고향에 설립한 스포츠 아카데미다. 테니스는 물론, 축구, 패들 테니스, 수영 등 다양한 스포츠를 즐길 수 있는 최첨단 시설을 갖췄다. 총 45개의 테니스 코트(하드 23면, 클레이 22면)를 포함해 피트니스 센터와 웰니스 공간도 있어 체계적인 훈련이 가능하다. 집중력과 인내심, 끈기, 스포츠맨십 등 나달의 철학이 녹아 있는 훈련 프로그램도 운영한다. 나달의 업적을 소개하는 박물관과 VR 스포츠 체험 같은 인터랙티브 콘텐츠도 마련돼 있어 팬은 물론, 가족 단위 방문객도 흥미롭게 둘러볼 수 있다.

- ⓞ 테니스 코트 연중무휴, 박물관 매일 10am~3pm
- Ⓐ Ctra. Cales de Mallorca s/n, Km 1,2, Manacor
- Ⓦ www.rafanadalacademy.com

Alcúdia

알쿠디아

면적.	60km²
인구.	약 2만 2,000명

고대 로마 유적부터 중세 건축물까지, 과거의 유산이 생생하게 살아 숨 쉬는 곳. 특히 아라곤 왕국의 하우메 2세가 세운 성벽이 지금까지도 잘 보존돼 있어 도시 전체가 과거에 멈춘 듯한 분위기를 자아낸다. 성벽을 따라 좁은 골목에 자리한 아기자기한 상점, 갤러리, 카페, 레스토랑에서도 중세의 분위기가 느껴져 마요르카를 대표하는 역사 도시로서의 매력을 뽐낸다. 마요르카에서 아름다운 해변으로 손꼽히는 알쿠디아 해변도 놓쳐선 안 될 장소. 역사와 자연이 조화를 이루는 도시 알쿠디아로 안내한다.

↑ 좁은 골목길 끝으로 드러나는 산트 자우메 성당의 석조 외벽.

> **Plus Info**
>
> 알쿠디아 관광안내소에서는 매주 수·금요일 2시간 코스의 무료 도보 투어를 진행한다. 주요 관광지를 둘러보며 역사와 문화를 경험할 수 있는 좋은 기회. 단, 로마 유적지·성당 입장 티켓은 별도로 구매해야 한다.

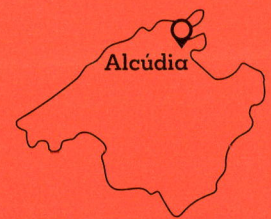

TO SEE

Medieval Wall of Alcúdia
알쿠디아 성벽

시간이 멈춘 성벽 위 산책 1298년, 하우메 2세가 외부의 침입으로부터 마을을 보호하기 위해 짓기 시작해 1362년 완공한 성벽. 총길이 1.5킬로미터로, 다각형 모양의 망루 26개와 출입구 4곳으로 이루어져 있다. 입구 중 포르탈 데 모이(Portal de Moll)는 두 그루의 야자수가 문 앞에 늠름하게 자리한 풍경 덕분에 가장 인기 있다. 알쿠디아 성벽은 오랜 세월 도시의 주요 방어 수단으로 활용됐으며, 현재까지도 성벽의 일부가 그대로 보존돼 있어 성벽 위를 걸으며 14세기부터 이어진 역사를 보다 생생히 느낄 수 있다. 발 아래로는 중세 마을과 지중해의 푸른 바다 그리고 주변의 산이 한눈에 내려다보인다. 성벽은 24시간 개방해 언제든지 자유롭게 방문할 수 있으며, 한 바퀴 도는 데 약 1시간이 소요된다.

Ⓐ Camí de Ronda, 35, Alcúdia
Ⓦ www.alcudiamallorca.com/centre-historic

← 구시가지를 감싸고 있는
14세기 고딕 양식의 석조 성벽.

Museu Monogràfic de Pol·lèntia
폴렌티아 모노그라픽 박물관

고대 로마의 흔적을 찾아서 고대 로마 시대의 생활상과 문화를 엿볼 수 있는 곳으로, 도자기와 생활용품, 종교적 상징성이 담긴 조각상 등 다양한 유물이 전시되어 있다. 규모는 아담하지만 역사에 관심이 많은 여행자라면 한 번쯤 방문해볼 만하다.

Ⓞ 화~토 8:30am~1:30pm, 일·월 휴무
Ⓐ Carrer de Sant Jaume, 30, Alcúdia
Ⓦ www.pollentia.net

Església de Sant Jaume d'Alcúdiaia
알쿠디아 산트 자우메 성당

알쿠디아 신앙의 중심 폴렌티아 모노그라픽 박물관 맞은편에 자리한 고딕 양식의 교회. 13세기에 건설됐지만 여러 번의 보수 공사를 통해 현재의 모습을 갖추게 됐다. 웅장하면서도 다소 투박해 보이는 외관과 달리, 내부는 화려하고 아름다운 스테인드글라스로 장식되어 있다. 알쿠디아 주민의 정신적 중심지 역할을 장소이기도 하다.

◎ 월~토 10am~1pm, 일 휴무 ◎ Plaça de Jaume Ques, Alcúdia
◎ www.misas.org/p/parroquia-de-sant-jaume-alcudia-mallorca

↑ 14세기 고딕 건축의 원형을 간직한 산트 자우메 성당의 외관.

Hidropark Alcúdia
하이드로파크 알쿠디아

온 가족이 즐기는 물놀이 천국 알쿠디아 해변에 자리한 가족 친화적인 워터파크. 스릴 넘치는 워터 슬라이드와 인공 파도를 경험할 수 있는 파도풀 등을 갖췄다. 얕은 수영장과 소형 슬라이드 등의 어린이 전용 시설과 54홀 규모의 미니 골프장 같은 즐길 거리도 마련돼 있어 온 가족이 함께 시간을 보내기에 제격이다. 가족 단위 방문 시 할인 적용 가능한 패키지 입장권도 판매하고 있으니 참고할 것. 11~3월까지 문을 닫고 4월부터 운영을 재개하므로 방문 전 영업 여부를 확인하는 것을 추천한다.

◎ 4~5월 11am~5pm, 6월 10am~5pm, 7~8월 10am~6pm, 9~10월 11am~5pm
◎ Avenida Inglaterra, Av. Tucà, s/n, Port d'Alcúdia
◎ hidroparkalcudia.com

TO EAT

Sa Portassa
사 포르타사

골목 속 숨은 타파스 맛집 구시가지 좁은 골목 안에 자리한 이곳은 다양한 타파스를 즐길 수 있는 맛집이다. 2인용 타파스 플래터는 타파스 6종을 취향껏 선택할 수 있어 제철 식자재로 만든 여러 가지 요리를 조금씩 맛보기에 제격이다. 좀 더 든든한 식사를 원한다면 파리야다 마요르킨(Parrillada Malloquin)를 추천한다. 카탈루냐식 피순대, 현지 소시지, 각종 채소구이 그리고 판 콘 토마테가 한 접시에 푸짐하게 담긴 모둠 요리다. 모든 요리는 주문 즉시 조리되며 갓 구운 고기와 채소의 풍미가 어우러져 풍부한 맛을 자랑한다. 맛과 가성비를 모두 갖춘 알쿠디아의 인기 식당으로, 방문 전 예약을 추천한다.

- 화~일 12:30pm~3pm & 7pm~11pm, 월 휴무
- Carrer de Sant Vicenç, 7, Alcúdia

Merlet
메르레트

알쿠디아 타파스의 정석 알쿠디아를 상징하는 성문 포르타 데 마요르카(Porta de Mallorca) 근처에 자리한 타파스 전문 레스토랑. 신선한 재료로 만든 각종 타파스를 선보이는 곳으로, 멋진 플레이팅이 한층 입맛을 돋운다. 고급 레스토랑에 견줄 만큼 수준 높은 맛과 서비스, 합리적인 가격대 덕분에 인기가 많다. 가볍게 즐길 수 있는 타파스는 물론, 육즙 가득한 이베리코 스테이크 등 메뉴가 다채로워 여러 번 방문해도 좋은 곳이다. 오후 7시 이후에는 예약 없이 식사가 어려울 정도로 붐비기 때문에 미리 예약하거나 식사 시간을 피해 방문하는 것을 추천한다.

- 일~금 12pm~10:30pm & 4pm~10pm, 토 휴무
- Plaça de la Porta de Mallorca, 1, Alcúdia

Restaurant Celler Ca'n Costa Alcúdia
레스토랑 셀러 칸 코스타 알쿠디아

알쿠디아의 전통을 담은 맛집 1983년부터 영업해 온 알쿠디아에서 가장 오래된 레스토랑으로, 마요르카 전통 요리를 중심으로 한 메뉴 구성이 돋보인다. 파에야, 젖먹이 돼지 요리가 대표 메뉴. 이곳에서만 맛볼 수 있는 소브라사다와 꿀을 곁들인 대구살 스테이크를 특히 추천한다. 짭짤한 소브라사다와 달콤한 꿀이 단짠의 조화를 이룬다. 오래된 건물에 들어선 덕분에 고즈넉한 분위기도 느낄 수 있다. 알쿠디아를 대표하는 레스토랑인 만큼 예약은 필수다. 워크인 시 야외 테이블 기준 1시간 이상 대기할 수 있다. 미처 예약을 하지 못했다면 오픈 시간에 맞춰 실내 좌석을 노리는 것이 좋다.

- 화~토 12:30pm~3pm & 6pm~11pm, 일 12:30pm~3pm & 6pm~10:30pm, 월 휴무
- Carrer de Sant Vicenç, 14, Alcúdia
- www.cancostaalcudia.com

↓ 알쿠디아의 낭만적인 저녁 풍경.

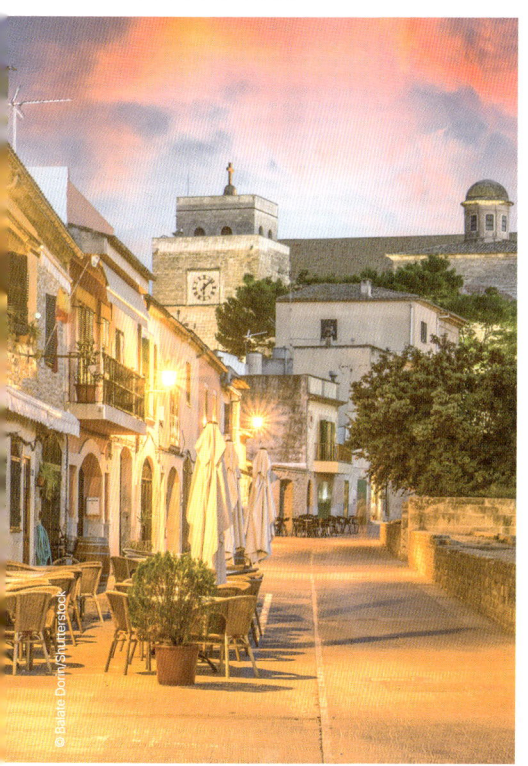

Pollença

포엔사

면적.	151.7km²
인구.	약 1만 7,550명

로마 시대부터 중세, 르네상스에 이르기까지 다양한 건축물이 남아 있는 도시. 해적과 사략선의 공격을 막기 위해 세운 성벽과 망루는 마을에 불규칙한 골목과 독특한 해변 풍경을 남겼다. 곳곳에 작은 갤러리, 예술 작품, 부티크 숍, 카페가 숨어 있어, 천천히 걸으며 느긋하게 둘러보기를 추천한다. 특히 축제, 전시, 콘서트 등 문화 행사가 풍성하게 열리는 여름은 포엔사를 여행하기에 최적의 시기다. 인근에 마요르카 북부를 대표하는 명소 포르멘토르 곶이 있어 예술과 자연을 함께 즐기기에 좋은 여행지다.

↑ 아이들도 무리 없이 오를 수 있는 푸이그 델 칼바리의 365계단.

TO SEE

Le Puig del Calvari
푸이그 델 칼바리

365계단 끝에서 만나는 고요함 카탈루냐어로 고난의 언덕이라는 뜻의 순례지이자, 포옌사를 상징하는 365계단이 있는 언덕이다. 이 계단을 따라가면 칼바리오 성당(Església del Calvario)에 이른다. 출발점에서 위를 올려다 보면 아득해 보이지만, 경사가 완만해 어린이도 무리 없이 오를 수 있다. 계단 꼭대기에 도착하면 포옌사 마을과 주변 자연이 한눈에 내려다보이고, 일몰을 감상하기에도 좋다. 부활절 주간에는 이 계단을 따라 '십자가의 길'이라는 행사가 열린다. 365개의 계단을 따라 엄숙하게 진행하는 이 전통 행사는 마요르카에서도 손꼽히는 이벤트다. 부활절을 전후로 여행을 계획 중이라면 행사에 참여해보길 적극 추천한다.

Ⓐ Carrer del Calvari, 36, Pollença

↗ 칼바리오 성당에서 시내를 내려다보는 사람들.
↓ 작은 성당과 석조 건물로 둘러싸인 포옌사 광장.

Pollença Main Square
포옌사 광장

포옌사 마을의 중심 활기차고 따뜻한 에너지가 넘치는 포옌사의 중심부. 매주 일요일 오전 이곳에서 전통 시장이 열려 생기 넘치는 현지의 일상을 가까이서 느낄 수 있다. 지역 특산품인 오렌지, 레몬 같은 감귤류 과일과 올리브오일, 치즈, 빵 등의 먹거리 그리고 수공예품, 예술품, 기념품 등을 판매하는 노점 300여 개가 들어서 구경거리가 가득하다.

Ⓐ Plaça Major, Pollença

Museu de Pollença
포옌사 박물관

중세 수도원에 담긴 예술 마을 중심부에 자리한 포옌사 박물관은 14세기 수도원 건물을 개조한 갤러리 겸 박물관이다. 오랜 역사를 자랑하는 지역인 만큼 고대 로마 유물부터 현대미술에 이르기까지 다양한 예술 작품을 소장하고 있다. 마요르카 출신 예술가의 작품을 소개하는 기획전이 주기적으로 열려 현지 예술가의 작품을 감상하고 이 지역 예술의 흐름을 엿보기에도 좋은 장소다.

Ⓞ 화~토 10am~2pm, 일 10am~1:30pm, 월 휴무
Ⓐ Carrer Pere Josep Cànaves Salas s/n, Pollença

Mirador Cap de Formentor
포르멘토르 곶 전망대

마요르카 북쪽 끝에서 마주하는 절경   마요르카 북동부 끝자락에 위치한 포르멘토르 곶은 북부 지역의 대표 랜드마크이자 절경 명소다. 해발 210미터로, 이베리아 반도, 알프스, 대서양, 북아프리카의 바람이 교차하는 곳이라 '바람이 만나는 지점'이라는 별칭이 붙었다. 이곳의 풍경은 시와 그림 등 수많은 예술 작품에 많은 영감을 주기도 했다. 전망대에서 단연 돋보이는 건 22미터에 달하는 새하얀 등대다. 발레아레스 제도에서 가장 높은 등대로, 끝없이 펼쳐진 바다를 마주한 채 홀로 우뚝 솟아 있어 존재만으로도 장엄한 분위기를 자아낸다. 1863년에 완공되어 내부는 일반인의 출입을 제한하지만, 등대 주변에 마련된 전망대에서 절벽과 수평선을 감상할 수 있다. 도로에 가로등이 없어 새벽 시간에는 매우 어둡고 야생 염소나 자전거 이용자가 많기 때문에 차량 이동 시 안전 운전에 유의해야 하며, 근처에 편의시설이 없으니 물과 간단한 간식을 미리 준비하는 것이 좋다.

ⓐ Cap Formentor, Pollença,

> **Plus Info**
>
> **전망대 방문 시 주의사항**
>
> 길이 좁고 주차 공간이 협소해 성수기(6월 1일~9월 30일)에는 오전 10시부터 오후 10시 30분까지 개별 차량 진입을 제한한다. 대신, 이 기간에는 포옌사 항구에서 출발하는 334번 셔틀버스를 운행한다. 버스 티켓은 현장 결제 또는 온라인 할인 구매가 가능하다. 비수기에는 차량 접근이 가능하지만, 주차 여유 공간이 10대 미만으로 매우 제한적이다. 일찍 도착해 일출을 보고 빠져나오는 일정을 추천한다.

Mirador de Es Colomer
미라도르 데 에스 콜로메르

지중해와 절벽이 만나는 곳   포르멘토르 곶으로 가는 도중 만날 수 있는 전망대. 수직으로 깎인 절벽과 지중해를 함께 감상할 수 있는 곳으로, 포르멘토르 곶 전망대에 비해 비교적 접근이 쉬우면서도 그에 못지않은 뛰어난 경관을 자랑해 인기 있는 장소다. 주차 후 10분 정도 계단을 오르면 자물쇠가 걸려 있는 전망대에 도착한다. 경치는 언제 봐도 아름답지만, 일출 또는 일몰 무렵에 더욱 극적인 풍경이 눈앞에 펼쳐진다. 전망대 초입에서는 작은 매점과 유료 화장실이 있어 편리하고, 산을 자유롭게 뛰노는 염소 무리와의 우연한 만남도 기대해볼 수 있다. 다만, 최근 관광객을 노린 소매치기가 늘고 있는 추세라 개인 소지품 관리에 각별히 주의해야 한다.

ⓐ Mirador d'es Colomer, Pollença,

→ 미라도르 데 에스 콜로메스에서 내려다보는 드라마틱한 해안 풍경.

↑ 절벽과 지중해를 동시에 감상할 수 있는 미라도르 데 에스 콜로메르.

TO EAT

Restaurante La Fonda de l'Aigua
레스토란테 라 폰다 데 라이구아

신선함이 살아 있는 세비체 맛집 파란색 포인트 컬러로 꾸민 인테리어가 인상적인 레스토랑으로, 신선한 해산물 요리를 선보인다. 세비체 맛집이라는 명성은 대표 메뉴 농어 세비체로 확인할 수 있다. 신선한 농어에 아보카도, 양파, 토마토가 어우러져 조화로운 풍미와 눈길을 사로잡는 색감까지 즐길 수 있다. 스페인 북서부 지방의 가리비 요리 삼부리냐스(Zamburiñas)도 추천 메뉴. 신선한 가리비 본연의 맛을 그대로 즐길 수 있다. 한두 점으로는 아쉬울 만큼 맛이 훌륭하니 넉넉하게 주문할 것. 직원이 요리와 어울리는 와인을 추천해주기도 하는데, 마요르카산 와인을 요청하면 이 지역의 맛을 더욱 깊이 경험할 수 있을 것이다.

- 월~토 1:30pm~9:30pm, 일 휴무
- Carrer d'Antoni Maura, 32, Pollença

La Mar Dolça
라 마르 돌사

작지만 강한 동네 사랑방 포옌사 작은 골목 안쪽에 자리한 아담한 에스프레소 바. 직접 로스팅한 원두로 내린 맛있는 커피는 이곳을 찾는 이들의 발길이 끊이지 않는 이유다. 원두는 취향에 따라 선택할 수 있고, 구매도 가능하다. 토스트, 샌드위치 등 가벼운 브런치 메뉴와 페이스트리 같은 달콤한 디저트도 준비돼 있다. 이른 아침부터 운영하는 덕분에 하루를 향긋한 커피와 산뜻한 브런치로 시작할 수 있다. 유럽에서는 보기 드물게 아이스 아메리카노도 판매하고 있어 시원한 커피가 생각날 때 방문해보길 추천한다.

- 월~금 7am~3pm, 토·일 휴무
- Carrer de Sant Domingo, 27, Pollença
- www.lamardolsa.com

↗ 시간의 흔적을 고스란히 간직한 포옌사의 골목길.
↑ 골목을 따라 늘어선 빛바랜 석조 건물.
↑ 아기자기한 상점이 모여 있는 포옌사 골목.

↑ 포옌사 구시가지 골목에 자리한 보스의 야외 테이블.

Bo's
보스

포옌사에서 맛보는 스페셜티 커피 포옌사 광장에 자리한 이 카페는 마요르카의 전통과 젊고 감각적인 분위기가 조화를 이룬 공간이다. 카페 앞에 놓인 야외 테이블은 아늑한 분위기를 자아내며 여유로운 한때를 보내기에 제격이다. 스페셜티 커피, 포카치아, 칵테일 등 다양한 메뉴가 있는데, 그중에서도 아사이볼은 늘 빠르게 품절될 정도로 인기 있다. 칵테일 메뉴를 제공하는 오후 3시 이후에는 낮과는 전혀 다른 매력을 선사한다.

⊙ 매일 9am~10pm
ⓐ Carrer del Martell, 6, Pollença

La Trencadora
라 트렌카도라

이탈리아와 지중해 요리의 조화 포옌사 한적한 골목에 위치한 따뜻하고 소박한 분위기의 레스토랑. 신선한 현지 식자재로 이탈리아와 지중해의 맛을 선보인다. 피자와 파스타 메뉴가 15여 가지로, 선택의 폭이 넓다. 녹음이 우거진 정원 공간은 저녁 무렵 선선한 바람과 함께 여유로운 식사를 즐기기에 좋다. 정원 한쪽에는 레스토랑의 이름과 같은, 마요르카 전통 견과류 껍질 분리기 트렌카도르(Trencador)가 설치돼 있어 눈길을 끈다.

⊙ 매일 1pm~3pm & 6:30pm~10:30pm
ⓐ Carrer de Ramon Llull, 7, Pollença

Banyalbufar

바니알부파르

면적.	18.06km²
인구.	약 580명

전통적인 해안 마을의 정취가 남아 있는 지역 중 하나. 경사진 지형을 따라 조성된 계단식 포도밭 너머로 지중해가 펼쳐지는 풍광이 아름답다. 아직 관광지로 덜 알려져 있어 조용한 여행을 즐기기에 좋지만, 레스토랑, 카페, 숙박시설 등 관광 인프라는 제한적인 편이다. 짧은 일정으로 둘러보기에 적합한 여행지다.

↑ 절벽 위 봉우리 정상에 우뚝 선 토레 델 베르헤르.

TO SEE

Bodegas Ca'n Pico
보데가스 칸 피코

전통과 풍미가 담긴 말바시아 한 잔 가족이 운영하는 와이너리로, 말바시아(Malvasia) 품종으로 만든 화이트 와인을 생산한다. 말바시아 와인은 연간 약 5,000병만 생산돼 마요르카 내에서도 쉽게 맛보기 어려운 와인으로 알려져 있다. 계단식 농지를 가득 메운 포도밭 너머로 펼쳐지는 지중해 풍경은 와인 한 잔과 함께하는 휴식의 순간을 더욱 특별하게 만들어준다. 와인 애호가라면 꼭 방문해볼 만한 곳으로, 와이너리 방문 시 사전 예약은 필수다.

🅐 Can Picó, Bañalbufar 🆆 bodegacanpico.com

↑ 바니알부파르의 계단식 포도밭 풍경.

Torre del Verger
토레 델 베르헤르

그리움의 탑 16세기 해적의 침입을 막기 위해 세운 탑으로, 서쪽 해안을 감시하고 적의 접근을 신속하게 알리는 망루 역할을 했다. 지금은 광활한 지중해와 아찔한 절벽을 한눈에 내려다볼 수 있는 전망 명소로 많은 이가 즐겨 찾는다. 특히 일몰 무렵, 태양빛에 반사된 황금빛 물결은 잊을 수 없는 장관을 선사한다. 이 탑에는 아련한 전설도 전해진다. 매일 이 탑에 올라 해적들에게 납치된 연인을 기다리던 한 소녀의 이야기다. 결국 연인은 돌아오지 못했고, 소녀의 그리움과 슬픔이 이 탑에 남겨졌다고 전하며, 이러한 전설 때문에 토레 델 베르헤르를 가리켜 '소녀의 눈물'이라 부르기도 한다.

🅐 Torre del Verger, Banyalbufar

Port des Canonge
카논즈 항구

마요르카의 숨은 보석 바니알부파르 인근의 작은 어촌 마을. 세상의 소음을 차단한 듯 고요함과 평온함이 가득한 곳이다. 해변을 따라 늘어선 바위와 절벽은 거칠면서도 위엄 있는 모습을 자랑하고, 전통적인 모습이 그대로 남아 있는 마을 풍경은 시간이 멈춘 듯한 착각을 불러일으킨다. 주로 현지인이 찾는 조용한 해변 마을로, 마요르카의 숨은 보석 같은 곳이다.

ⓐ Port des Canonge, Banyalbufar

↑ 좁은 골목을 따라 석조 주택이 이어지는 바니알부파르의 골목길.

Sa Volta des General
사 볼타 데스 게네랄

바니알부파르 풍경을 볼 수 있는 산책로 마요르카의 서해안 절벽을 따라 이어지는 산책로. 천천히 걷는 것만으로도 섬의 자연을 온전히 느끼는 특별한 경험을 선사한다. 길을 걷다 보면 한쪽으론 푸른 바다가, 다른 한쪽으로는 울창한 숲과 계단식 포도밭이 어우러지는 풍경이 함께한다. 자연 속에서 여유를 찾고 싶은 이들에게 최적의 산책 코스다.

ⓐ Ma-10, Banyalbufar

Andratx

안드라츠

면적.	81.46km²
인구.	약 1만 2,240명

지중해의 아름다운 자연과 예술적 감성이 살아 있는 고즈넉한 도시로, 전통적인 마을 분위기와 현대미술 갤러리, 예술가의 작업실이 어우러져 독특한 매력을 발산한다. 이 도시에 자리한 안드라츠 항구는 마요르카를 대표하는 일몰 명소로 손꼽힌다. 팔마에서 차로 30분 떨어져 있어, 일몰 무렵 전망 좋은 레스토랑에서 저녁 식사를 즐기는 당일치기 일정으로 방문하는 것을 추천한다.

↑ 안드라츠 항구 전경을 벗삼아 저녁 식사를 즐기는 사람들.

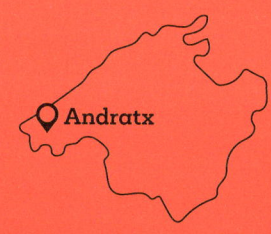

TO SEE

Port d'Andratx
안드라츠 항구
마요르카에서 가장 로맨틱한 항구

지중해를 누비는 호화 요트가 정박해 있는 마요르카의 대표 항구. 과거 안드라츠는 작은 어촌이었지만 아름다운 풍경을 보기 위해 이곳을 찾는 관광객이 점차 늘면서 인기 여행지로 자리 잡았다. 항구를 따라 늘어선 레스토랑과 카페 덕분에 활기가 넘치고, 해 질 무렵 석양이 항구에 황금빛 물결을 만들어내면 로맨틱한 분위기가 절정에 이른다.

ⓐ Carrer Zorrilla, Port d'Andratx

↑ 해 질 무렵의 안드라츠 항구.
↙ 일몰 풍경과 함께 저녁 시간을 즐기는 사람들.
↓ 소박하면서도 세련된 마요르카 분위기를 풍기는 안드라츠의 골목.

CCA Andratx
CCA 안드라츠
예술과 자연이 공존하는 현대미술의 중심   현대미술에 관심이 있다면 꼭 들러야 할 마요르카 최대 규모의 현대미술센터(Centre of Contemporary Art). 회화와 조각, 사진, 설치 미술 등 국내외 예술가의 다양한 작품을 만날 수 있는 공간이다. 센터 내에는 전시 공간 외에 예술가의 작업실도 마련돼 있어 실제 창작 과정을 가까이서 엿볼 수 있다. 도심에서 살짝 떨어진 위치 덕분에 예술과 자연이 조화를 이루며 색다른 분위기를 자아낸다.

ⓞ 화~토 11am~6pm, 일·월 휴무 ⓐ Carrer S'estanyera, 2, Andratx
ⓦ www.ccandratx.eu

TO EAT

No11
넘버 일레븐

안드라츠 항구를 품은 감각적인 다이닝

안드라츠 항구 전경을 한눈에 담을 수 있는 가스트로 바. 유럽 전역의 다양한 요리와 함께 딤섬, 한국식 돼지갈비 번 등 아시안 퓨전 요리를 선보인다. 시그니처 칵테일과 개인 취향에 맞춘 커스텀 칵테일도 인기 메뉴 중 하나. 양이 많지 않기 때문에 여러 메뉴를 다양하게 주문하는 것을 추천한다. 예약 시 프론트 테라스, 1층 라운지, 루프톱 테라스, 프라이빗 공간, 총 4개의 구역 중 선택 가능하며, 전망을 원한다면 루프톱을, 분위기 있는 식사를 즐기고 싶다면 1층을 예약하는 것이 좋다.

- 매일 6pm~2am
- Av. Almirante Riera Alemany, 11, Port d'Andratx
- no11-portandratx.com

↑ 모던한 외관의 넘버 일레븐.
↑ 귀여운 간판을 내건 젤라테리아 카프리.
← 넘버 일레븐이 자랑하는 다양한 종류의 칵테일.

Gelateria Capri
젤라테리아 카프리

전통을 지키는 젤라토 한 스푼 1979년부터 운영 중인 수제 젤라토 가게. 색소 등의 첨가물 없이 원재료의 맛을 살려 전통 방식으로 젤라토를 만든다. 락토프리, 글루텐프리 등 다양한 옵션을 포함해 30여 가지의 젤라토를 즐길 수 있다. 겨울에는 문을 닫으며, 소액 결제 시 카드 사용이 불가능하기 때문에 현금을 준비하는 것이 좋다.

- 매일 10am~7pm
- Av. Almirante Riera Alemany, 4, Port d'Andratx
- caprigelatos.com

Chapter 3.
Planning

마요르카 여행 준비의 모든 것

지중해의 따사로운 품을 마주한 마요르카는 계절별로 달라지는 빛깔과 분위기로 일년 내내 여행자를 사로잡는 곳이다. 주요 도시를 연결하는 교통편부터 시기별 날씨와 즐길 거리, 유럽 내 다른 도시와 연계한 추천 일정, 놓치면 아쉬운 축제까지, 마요르카 여행을 계획하기 전 참고하면 좋을 주요 정보를 모두 모았다. 언제, 누구와 방문하든 마요르카는 기대 이상의 경험을 선물해줄 것이다.

Transportation
Recommended Itinerary
Mallorca & Beyond
Seasons in Mallorca
Festival Calendar
Index
Top Moments

위쪽은 칼바리오 성당, 아래쪽은 석조 골목으로 이어지는 푸이그 델 칼바리의 365계단.

Transportation

교통편

정해진 일정 안에서 최대한 효율적이고 알차게 여행을 즐기려면 교통수단과 이동 동선을 미리 파악하는 것이 중요하다. 항공과 페리, 버스, 트램, 택시 등 마요르카의 다양한 교통 정보를 살펴본다.

항공
팔마 데 마요르카 국제공항(PMI)은 마요르카 여행을 위한 주요 관문이다. 공항에서 팔마 시내까지 차로 10분 정도 소요된다. 부엘링 항공(Vueling Airline)과 에어 유로파(Air Europa) 같은 스페인 항공사는 물론, 라이언에어(Ryanair), 이지젯(EasyJet), 유로윙스(Eurowings) 등 여러 항공사가 마요르카와 유럽 주요 도시를 연결하는 항공편을 운항한다. 성수기에는 마요르카행 항공편이 늘어나 여행자와 한층 더 가까워진다.

페리
남부 팔마 항구와 북부 알쿠디아 항구에서 여객 수송을 위한 페리를 운항한다. 3개의 페리 업체가 마요르카와 스페인 본토 지역을 포함한 발레아레스 제도의 섬을 연결한다.

이동 시간
- 팔마~스페인 본토 : 6~8시간 소요
- 팔마~발레아레스 제도 : 2~6시간 소요
- 알쿠디아~메노르카 : 1~4시간 소요
 (선박 유형에 따라 상이)

Plus Info

마요르카를 오가는 페리 업체

바레아리아(Baleària) 팔마~바르셀로나 / 발렌시아 / 데니아 / 메노르카 / 이비자 / 포르멘테라 노선 운항
Ⓦ www.balearia.com

그란디 나비 벨로치(Grandi Navi Veloci)
팔마~바르셀로나 / 발렌시아 노선 운항
Ⓦ www.gnv.it

그리말디 트라스메드(Grimaldi Trasmed) 팔마~바르셀로나 / 발렌시아 / 메노르카 / 이비자 노선 운항
Ⓦ www.trasmed.com

그리말디 트라스메드(Grimaldi Trasmed) 알쿠디아~툴롱(프랑스 남부 도시) 성수기 한정 운항
Ⓦ www.corsica-ferries.fr

버스
TIB
마요르카를 포함한 발레아레스 제도의 공식 광역 교통 시스템을 일컫는다. TIB(Transports de les Illes Balears)는 팔마를 중심으로 섬의 주요 도시와 해변을 포함한 다양한 관광지를 연결하는 노선을 운행한다. 다른 교통 수단에 비해 저렴하며 웹사이트에서 노선과 일정을 확인하고 티켓을 예약할 수 있다.

ⓦ www.tib.org/en/inici

EMT 팔마
팔마 시내와 외곽 지역을 오가는 버스 노선을 운행한다. 팔마 대성당, 벨베르성 등 시내 중심부를 연결한다. 시내 노선의 요금은 단 2유로로 저렴한 편이다. 성수기에는 관광객의 수요를 고려해 버스 노선이 늘어나는 덕분에 뚜벅이 여행자도 편하게 이동 가능하다. 노선마다 차이가 있지만 보통 버스 배차 간격은 10~15분이다.

ⓦ www.emtpalma.cat

공항 버스
팔마 데 마요르카 공항에서 시내까지, A1, A2 두 가지 노선으로 운영한다. 편도 5유로로, 시내로 가는 가장 저렴한 교통 수단이다. 현금 결제만 가능하며 시내까지 30~40분이 소요된다.

택시
팔마를 포함한 주요 도시와 공항을 편하게 오갈 수 있는 교통수단이다. 시내에서는 미터기로 요금을 책정하지만, 팔마 외곽으로 이동할 경우, 고정 요금제가 적용돼 사전에 금액을 확인할 수 있다. 특히 대중교통으로 접근하기 어려운 지역을 방문할 때 편리하다.

팔마 데 마요르카 국제공항에서 주요 도시까지 고정 요금제
- 팔마 시내까지 : 18~25유로
- 소예르까지 : 70유로
- 발데모사까지 : 40유로
- 알쿠디아까지 : 80유로
- 마나코르까지 : 70유로
- 안드라츠까지 : 60유로

기차
팔마 메트로
팔마 중심부와 인근 외곽 지역을 연결하는 경전철 시스템. 원래 2개 노선으로 운행했으나, 현재는 9개의 역을 지나는 7.2킬로미터 길이의 M1만 운행 중이다. 팔마 메트로(Metro de Palma)는 현지인의 통근 교통편으로 이용되며, 평일에는 6시 30분부터 오후 10시까지, 토요일에는 오전 7시부터 오후 3시까지, 약 20분 간격으로 운행한다. 일요일엔 운행하지 않으니 참고할 것.

페로카릴 데 소예르
팔마와 소예르를 잇는 100년 전통의 목조 기차. 1912년에 개통한 페로카릴 데 소예르(Ferrocarril de Sóller)는 오늘날에도 두 도시를 연결하며, 마요르카의 상징으로 자리 잡았다. 창밖으로 펼쳐지는 트라문타나 산맥의 멋진 풍광이 편도 약 1시간간의 여정을 함께한다. 소예르에 도착해 소예르 항구를 방문할 예정이라면, 콤보 티켓을 구매하는 것이 합리적이다.

ⓦ trendesoller.com

SFM
SFM(Serveis Ferroviaris de Mallorca)은 팔마에서 인카(Inca)를 거쳐 사 포블라(Sa Pobla)나 마나코르까지 운행하는 현대식 전기 열차다. 평일에는 사 포블라행 열차와 마나코르행 열차가 30~40분 간격으로 번갈아 운행한다. 팔마에서 인카까지는 약 35분, 종착역까지는 약 1시간이 소요된다. 이 기차는 주로 현지인의 통근 수단으로 활용되고 있다.

ⓦ www.trensfm.com

트램
마요르카를 상징하는 교통수단으로, 소예르 마을과 항구를 오가는 약 5킬로미터 길이의 노선을 운행한다. 마을에서 수확한 오렌지를 항구로 옮기기 위해 1913년 처음 운행을 시작했다. 현재는 도시 풍경을 감상할 수 있는 관광 수단으로 활용되고 있으며, 고풍스러운 분위기 덕분에 많은 사랑을 받는다. 성 바르토메우 교회 앞을 트램이 가로지르는 순간은 소예르에서 꼭 촬영해야 할 장면으로 꼽힌다. 해변을 제대로 감상하려면 마을에서 항구로 갈 땐 왼쪽에, 항구에서 마을로 올 땐 오른쪽에 앉는 것이 좋다. 30분 간격으로 운행된다.

Recommended Itinerary

마요르카 추천 일정

면적이 제주도의 약 2배에 달하는 마요르카에서는 최소 3일 이상 머무는 것을 추천한다. 하루이틀만으로는 팔마를 둘러보기에도 부족하고, 지역마다 각기 다른 매력을 지니고 있어 여행 스타일과 목적에 따라 선택과 집중은 필수! 한정된 시간 안에 마요르카의 다채로운 매력을 최대로 만끽할 수 있는 코스를 소개한다.

Itinerary 1. 마요르카의 주요 지역에 집중하는 2박 3일 일정

1일차	2일차	3일차
발데모사 » 소예르	사 칼로브라 » 팔마	팔마 시내 또는 칼로 데스 모로

팔마 데 마요르카 국제공항에서 발데모사까지는 차로 단 25분. 2~3시간이면 발데모사의 하이라이트를 충분히 담을 수 있다. 오렌지 나무로 둘러싸인 소예르 마을의 아기자기함과 소예르 항구의 일몰을 감상한다. 이튿날, 소예르의 아침 분위기를 즐긴 후 드라이브 코스의 절정인 사 칼로브라로 이동. 아담하지만 아름다운 해변에서 여유로운 시간을 보내고 팔마로 향한다. 시내로 가는 길에 마요르카 패션 아울렛 방문을 추천한다. 마지막 날에는 도시의 일상과 문화를 즐기고 싶다면 팔마 시내에서, 마요르카의 쾌청한 날씨와 물놀이를 만끽하길 원한다면 칼로 데스 모로에서 시간을 보내는 것이 좋다.

Itinerary 2. 어느 하나 놓치고 싶지 않은 이들을 위한, 핵심 스폿만으로 꽉 채운 2박 3일 일정

1일차	2일차	3일차
칼로 데스 모로 혹은 마나코르 » 알쿠디아	포르멘토르 전망대 » 소예르 » 발데모사	발데모사 » 팔마

마요르카 랜드마크 중 하나인 칼로 데스 모로에서 여행을 시작한다. 볼거리 중심의 여행을 원한다면 마나코르에 자리한 드라츠 동굴에서 시간을 보내는 것도 좋다. 이후 중세의 흔적이 그대로 보존된 알쿠디아에서 저녁 시간을 즐기며 일정을 마무리한다. 이튿날 아침 일찍, 마요르카 최고의 일출 명소 포르멘토르 곶 전망대를 방문한다. 성수기에는 차량 진입이 불가하기 때문에 버스로 이동하는 것을 추천한다. 렌터카 여행 중이라면 미라도르 데 에스 콜로메르로 향하는 것이 좋다. 오후에는 소예르의 아기자기한 매력을 맛본 뒤 발데모사에서 저녁 시간을 보낸다. 이후 팔마에서 주요 관광 명소를 둘러보고 쇼핑을 하며 여정을 마무리한다.

Itinerary 3. 주요 지역을 여유 있게 둘러보는 4박 5일 일정

1일차	2일차	3일차	4일차	5일차
칼로 데스 모로 혹은 마나코르 » 알쿠디아	포르멘토르 전망대 » 사 칼로브라 » 소예르	소예르	발데모사 » 바니알부파르 » 안드라츠	팔마

일정에 여유가 있다면 앞서 소개한 첫 번째 2박 3일 일정 중 소예르에서의 체류 시간을 늘리는 것을 추천한다. 둘째 날 소예르로 이동하기 전, 사 칼로브라에 들러 구불구불한 산길 드라이브를 즐기고 해변에서 잠시 쉬어가는 것도 좋은 선택. 오렌지 나무 가득한 소예르 마을 곳곳을 산책하며 나무 트램을 타고 소예르 항구로 이동, 항구에서 해수욕뿐 아니라 하이킹 등의 다양한 액티비티를 즐긴다. 특히 항구의 일몰은 놓치지 말 것. 이튿날엔 산악 마을 발데모사에 들른 뒤 하이킹, 와이너리 투어 등 다양한 즐길 거리가 기다리는 바니알부파르로 이동한다. 일몰을 감상하려면 마요르카에서 가장 로맨틱한 장소 안드라츠 항구로 향할 것. 항구 전경이 펼쳐지는 레스토랑에서 맛있는 저녁 식사와 함께 일몰을 즐긴다. 안드라츠에서 차로 약 25분 거리인 팔마에서 마요르카 여행을 마무리한다.

Itinerary 4. 반시계 방향으로 마요르카를 돌아보는 6박 7일 일정

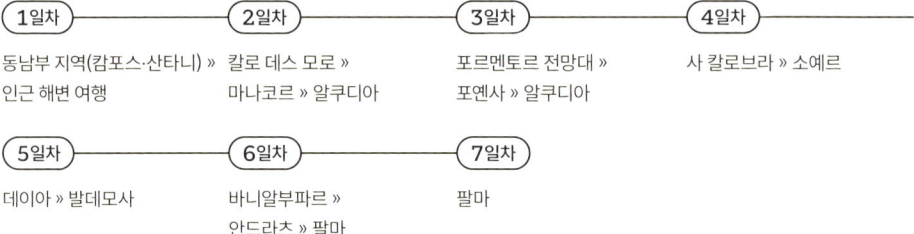

1일차	2일차	3일차	4일차
동남부 지역(캄포스·산타니) 인근 해변 여행	칼로 데스 모로 » 마나코르 » 알쿠디아	포르멘토르 전망대 » 포옌사 » 알쿠디아	사 칼로브라 » 소예르

5일차	6일차	7일차
데이아 » 발데모사	바니알부파르 » 안드라츠 » 팔마	팔마

마요르카의 다양한 매력을 빠짐없이 즐기고 싶다면 이 일정을 추천한다. 주요 도시는 물론 주변 작은 마을을 거치며 해변과 산, 도시를 균형 있게 둘러보는 코스다. 드라이브, 요트 투어, 와이너리 투어, 승마 체험 등 액티비티 일정도 취향에 따라 포함시킬 수 있다. 캄포스 또는 산타니에 자리한 아그리투리스모 숙소에서 현지 분위기를 물씬 느끼며 여행을 시작한다. 본격적인 일정에 앞서, 가까운 작은 해변에서 여유를 즐기며 시간을 보낸다. 앞선 추천 일정과 다르게 알쿠디아에서의 1박을 추천한다. 알쿠디아에서는 스노클링, 요트 투어 등의 해양 액티비티를 즐길 수 있다. 여행 중반부엔 소예르, 데이아, 발데모사로 이어지는 코스를 추천하는데, 산악 지대를 따라 여행하며 아기자기한 소도시를 탐방할 수 있는 좋은 기회. 특히 발데모사에서의 하룻밤은 잠시 스쳐가는 관광객은 느낄 수 없는 색다른 경험을 선사한다. 바니알부파르로 이동하면, 하이킹이나 와이너리 투어 같은 즐길 거리가 기다린다. 안드라츠를 지나 팔마로 향하며 마무리되는 이 여정을 통해 마요르카를 제대로 마주할 수 있을 것이다.

Mallorca & Beyond

유럽 주요 도시와 함께하는 여행

유럽 여행은 장거리 비행이 필수인 만큼 마요르카만 방문하고 돌아오는 일정은 왠지 아쉽다. 항공편 경유지를 활용하면 유럽 주요 도시를 함께 여행하는 일정이 가능하다. 마요르카 여행을 한층 풍성하게 해줄 도시와 추천 일정을 제안한다.

바르셀로나 더하기

바르셀로나와 마요르카를 함께 방문하는 것은 마치 서울에 온 외국인이 제주를 여행하는 것과 같다. 바르셀로나는 마요르카행 항공편이 가장 많은 도시로, 하루이틀 머물 가치가 충분하다. 볼거리와 문화 콘텐츠가 풍부한 바르셀로나와 자연 속 느긋한 휴양이 기다리는 마요르카는 서로의 매력을 보완해 여행의 균형을 맞춰준다. 또한 두 지역은 가우디라는 연결 고리도 있다. 바르셀로나는 가우디의 도시라 불릴 만큼 가우디의 건축물이 많이 남아 있는 곳이고, 마요르카에는 그의 영향을 받은 팔마 대성당이 있다. 소예르의 성 바르토메우 대성당 파사드는 그의 제자 호안 루비오의 작품으로, 가우디의 영향을 받은 근대주의 양식이 특징이다.

⊕ 추천 일정 : 바르셀로나(1박) » 마요르카(3박) » 바르셀로나(3박)

파리 더하기

스페인 말고 유럽 주요 도시와의 조합을 원한다면 파리가 제격이다. 특히 허니문을 계획 중이라면, 럭셔리 쇼핑이 가능한 파리는 최적의 선택. 파리에서는 쇼핑, 마요르카에서는 휴양에 집중하며 여행의 균형을 맞추는 것을 추천한다. 파리의 샤를드골(CDG)과 오를리(ORY) 공항에서 마요르카행 직항편을 이용할 수 있어 편리하다.

⊕ 추천 일정 : 바르셀로나(1박) » 마요르카(3박) » 바르셀로나(3박)

스위스 더하기

유럽의 자연을 진하게 즐기고 싶다면 이 조합을 적극 추천한다. 알프스의 만년설과 지중해의 태양을 오가는, 색다른 온도 차를 경험할 수 있다. 스위스에서는 열차로, 마요르카에서는 렌터카로 움직이면, 각기 다른 이동수단의 매력을 발견하는 기회도 주어진다. 취리히(ZRH)와 제네바(GVA) 공항에서는 마요르카행 직항 노선을 운항하는데, 시즌에 따라 운항 횟수가 달라 사전에 확인이 필요하다.

⊕ 추천 일정 : 루체른(1박) » 그린델발트(2박) » 바르셀로나(2박)

두바이 더하기

마요르카와 두바이를 함께 여행하는 게 쉽지 않아 보일 수 있지만, 에미레이트 항공을 이용하면 충분히 실현 가능하다. 과거 아랍의 영향을 받았던 마요르카의 소박한 시골 감성과 세계적인 럭셔리 도시 두바이의 호화로움을 함께 즐기는 일정으로, 기억에 남을 특별한 여행을 원한다면 주저 없이 추천할 만하다.

⊕ 추천 일정 : 바르셀로나(1박) » 마요르카(3박) » 바르셀로나(2박) » 두바이(2박)

Seasons in Mallorca

마요르카의 사계절

지중해성 기후를 가진 마요르카는 여름엔 덥고 건조하며 겨울엔 온화하면서도 습하다. 연중 300일 이상 햇살이 가득하지만 늦가을을 포함한 겨울엔 강수량이 많은 편. 아침·저녁으로는 선선하고 낮에는 해수욕이 가능할 만큼 따뜻한 5~6월과 9~10월이 여행하기 가장 좋은 시기로 꼽힌다.

> **Plus Info**
>
> 마요르카는 독일의 17번째 주?
> 마요르카 인구는 약 94만 명이지만 성수기에는 유럽을 비롯해 전 세계 각지에서 모인 관광객으로 섬에 체류하는 인원이 크게 늘어난다. 특히 연간 1,000만 명의 관광객 중 독일인이 약 400만 명에 이른다는 통계가 있을 정도로 독일인 방문객의 비중이 높다. 흐리고 비가 내리는 날이 많은 독일과 달리 햇살이 가득한 날씨 덕분에 독일인의 사랑을 듬뿍 받고 있는 것. '독일의 17번째 주'라는 별명을 얻은 것도 이 때문이다. 마요르카에 정착해 노년의 삶을 즐기는 독일인의 비중도 높은 편이라, 부동산 안내문에 독일어를 병기한 경우가 많고, 독일어 메뉴판을 제공하는 레스토랑도 종종 찾아볼 수 있다.

봄

녹음이 짙어지면 마요르카에는 봄이 찾아온다. 3~4월엔 간헐적으로 비가 내리지만, 평소엔 강수량이 적은 편이다. 5월 말이 되면 아침·저녁에는 선선한 한편, 한낮에는 바다 수영이 가능하다. 상대적으로 사람이 적어 숙박 요금이 저렴한 시기이기도 하다.

월별 날씨 정보	3월	4월	5월
평균 기온(최저/최고)	9/17도	11/19도	14/23도
평균 강수일	6~8일	5~7일	4~6일
일출/일몰 시간	7:15am/5:35pm	7am/8:15pm	6:30am/8:45pm

추천 지역
- **발데모사 / 소예르**: 봄에 피는 꽃과 짙푸른 녹음이 어우러진 아름다운 풍경을 감상할 수 있다. 오렌지 나무에서 꽃을 틔우는 봄. 마을 전체가 바람에 흩날리는 하얀 오렌지 꽃과 향기로 가득하다.

추천 액티비티
- **하이킹**: 트라문타나 산맥에서 하이킹을 즐기기에 적합한 시기. 발데모사에서 출발해 데이아까지 이어지는 하이킹 코스가 가장 인기가 많다.
- **자전거 투어**: 소예르와 트라문타나 산맥을 따라 조성된 자전거 코스를 따라 라이딩을 즐기기에 좋다.
- **피크닉**: 마트에서 구입한 현지 스낵이나 간단한 음식을 챙겨 야외에서 시간을 보내는 것을 추천한다.

여름

7월부터 본격적인 더위가 시작된다. 마요르카의 여름은 햇빛이 강하게 내리쬐고 낮의 길이가 길며 비가 거의 오지 않는 건조한 날씨가 이어진다. 해변의 아름다움을 온몸으로 느낄 수 있는 계절이기 때문에 대부분의 해변이 인파로 북적인다. 한낮에는 실내 활동이나 휴식을 즐기고 늦은 오후부터 야외 활동을 하는 것을 추천한다.

월별 날씨 정보	6월	7월	8월
평균 기온(최저/최고)	18/28도	21/35도	22/38도
평균 강수일	2~4일	1~2일	2~3일
일출/일몰 시간	6:20am/9:15pm	6:30am/9:15pm	6:50am/8:50pm

추천 지역
- **팔마 / 알쿠디아**: 무더위를 식혀줄 해변과 더위를 피할 수 있는 풍부한 문화 공간이 자리하고 있다. 마요르카 북부의 해안 도시로, 아름다운 해변에서 해수욕과 일광욕을 즐길 수 있다.

추천 액티비티
- **해수욕·일광욕**: 지역의 특색 있는 해변을 찾아다니는 일은 마요르카 여행의 즐거움 중 하나. 단, 여름에 해수욕과 일광욕을 즐기고 싶다면, 아침 일찍 해변에 자리를 확보할 것을 추천한다.
- **수상 스포츠**: 세일링, 카야킹, 스노클링 같은 해양 액티비티에 도전하는 것은 더위를 식히는 동시에 마요르카의 바다를 가까이서 경험할 수 있는 좋은 기회다.

가을

9월 초까지는 여름 날씨가 이어지며, 10월부터 점점 선선해진다. 10월 말까지는 한낮에 해수욕이 가능하다. 주변 공기가 쌀쌀해지는 이 시즌에는 성수기의 번잡함에서 벗어나 한적한 여행을 할 수 있다. 비가 종종 내리지만 하루 종일 비가 오는 경우는 드물다. 예상치 못한 폭우를 만날 수도 있으니 참고할 것.

월별 날씨 정보	9월	10월	11월
평균 기온(최저/최고)	19/29도	15/24도	11/19도
평균 강수일	4~6일	6~8일	6~8일
일출/일몰 시간	7:15am/8pm	7:40am/7:15pm	7:50am/6pm

추천 지역

- **포옌사** 포도 수확 시즌인 만큼 포옌사와 그 주변 지역에 있는 와이너리를 방문하는 것을 추천한다.
- **바니알부파르** 독특한 계단식 농지와 광활한 지중해를 옆에 두고 하이킹을 즐길 수 있다.

추천 액티비티

- **와이너리 투어** 포도 수확과 양조 과정을 직접 보고 현지 와인을 즐길 수 있는 특별한 기회다.
- **유적지 투어** 선선한 날씨가 이어지는 가을에는 야외 유적지를 둘러보기 딱 좋은 시기. 고대부터 이어져 온 마요르카의 역사와 문화를 여유롭게 엿볼 수 있다.

겨울

비교적 온화한 편이지만, 트라문타나 산맥 같은 고지대에 눈이 내리는 경우도 있다. 해안 지역은 대체로 포근한 날씨가 이어지는 한편, 바람이 강하게 불 때는 체감 기온이 떨어진다. 12월부터 1월까지는 맑은 날 사이로 간헐적인 비가 자주 내린다. 자연 풍경보다 마요르카 마을이 가진 고즈넉한 매력을 느낄 수 있는 일정을 세우는 것이 좋다. 이 시기에 운영을 하지 않는 호텔이나 레스토랑도 있으니 사전에 꼭 체크할 것.

월별 날씨 정보	12월	1월	2월
평균 기온(최저/최고)	6/15도	5/14도	6/15도
평균 강수일	6~8일	8~10일	6~8일
일출/일몰 시간	7:45am/5:30pm	8:05am/5:45pm	7:45am/6:15pm

추천 지역

- **안드라츠** 매년 2월 만개한 아몬드꽃이 눈처럼 내리는 낭만적인 풍경을 마주할 수 있다.
- **소예르** 오렌지 나무가 즐비한 소예르에서는 11월 초부터 오렌지를 수확한다. '황금 계곡'이라는 뜻의 아랍어에서 유래한 소예르라는 지명처럼 금빛 풍경을 자랑한다.

추천 액티비티

- **명소 투어** 성당, 궁전, 박물관 등 실내 관광지에서 쌀쌀한 날씨와 비를 피하며 마요르카의 역사와 문화를 즐기는 일정을 추천한다.
- **설경 투어** 1년 내내 온화한 날씨가 이어지는 마요르카에서 눈 덮인 풍경은 겨울에만 만날 수 있는 특별한 장면이다.

Festival Calendar

마요르카 축제 캘린더

스페인은 '이보다 더 축제에 진심일 수 있을까?'라는 생각이 들 정도로 1년 내내 각종 이벤트와 축제가 이어지는 나라다. 스페인에서 가장 큰 섬인 마요르카에서도 역사와 문화, 지리적 특수성이 담긴 다양한 축제를 만날 수 있다.

January

Festes de Sant Antoni
산 안토니 축제

지역. 포블라·포옌사·무로·알쿠디아 등 북부 지역
기간. 1월 16~17일

북부 도시에서는 매해 동물의 수호성인 안토니의 축일을 기념하는 행사가 열린다. 관광 산업이 발달하기 전, 대부분 농업에 종사하던 섬 주민들에게 안토니는 아주 중요한 존재였다. 악마 분장을 한 사람들이 불꽃을 들고 거리를 행진하는 코레포크(Correfoc) 행사, 반려동물이나 가축을 데리고 교회를 찾아 성인의 가호를 기원하는 동물 축복 의식이 축제의 하이라이트. 특히 동물 축복 의식에서는 앵무새, 도마뱀, 거북이 등 다양한 동물이 등장해 볼거리를 더한다.

Festes de Sant Sebastià
산 세바스티아 축제

지역. 팔마
기간. 1월 중순~말 약 2주간

팔마의 수호성인 세바스티아의 삶과 죽음을 기리는 축제. 팔마 주민들은 세바스티아 성인이 중세 시대 흑사병으로부터 섬을 지켜주었다고 믿으며 그를 도시의 수호성인으로 모시기 시작했다. 축제의 절정인 1월 20일 전후로 불꽃놀이와 함께 대규모 행사가 개최된다. 19일 전야제에는 광장 곳곳에서 모닥불과 바비큐 파티가 열리고 축일 당일에는 팔마 대성당 특별 미사 후 성인 조각상을 들고 시민들의 거리 행진이 이어진다. 축제 기간 동안 전설 속 코카의 용(Dragon of na Coca)과 악마 디아블레스(Diablos) 복장을 한 시민들이 거리 위를 활보하는 이색적인 광경을 볼 수 있다.

February

Fira de la Flor d'Ametler
아몬드꽃 축제

지역.	손 세르베라
기간.	2월 첫 번째 일요일

섬 전역이 아몬드꽃으로 뒤덮인 풍광은 겨울에 마요르카를 찾는 여행자만 누릴 수 있는 특권이다. 19세기 후반에서 20세기 초까지 아몬드 재배는 마요르카 경제의 중요한 축을 담당했다. 섬 동쪽의 작은 마을 손 세르베라(Son Servera)에서 아몬드나무 개화 시기에 맞춰 이를 축하하기 위해 시작한 축제로, 축제 기간 동안에는 현지 아몬드로 만든 디저트, 오일, 우유 등을 전시하고 판매한다.

Sa Rua
사 루아

지역.	마요르카 전역
기간.	2월 중

금식과 절제, 속죄의 시기로 여기는 사순절이 시작되기 전 일요일, 마요르카 내 대부분의 도시에서 진행하는 성인 퍼레이드. 어린이 퍼레이드인 사 루에타(Sa Rueta)는 카니발 기간 중 일요일 오전에 열린다. 아이부터 어른까지 함께 모여 놀고 웃고 정화하며 새 계절을 맞이하는 마요르카만의 방식이다. 팔마에서 가장 크고 화려하게 열리며, 전통 방식은 유지한 채 현대 음악과 퍼포먼스를 결합해 새로운 볼거리를 제공한다. 참가자마다 개성 넘치는 독특한 의상과 가면, 퍼포먼스를 선보인다.

March

Semana Santa
부활절 주간 행사

지역.	마요르카 전역
기간.	3월 말~4월 초

부활절 전후로 팔마를 포함한 대부분의 도시에서 성자와 성모 마리아 조각상으로 장식한 수레를 따라 엄숙한 종교 행렬이 이어진다. 가장 대표적 행사는 포옌사에서 부활절 주간 금요일에 열리는 '십자가의 길(Via Crucis)'. 신자들이 십자가를 든 사람을 뒤따라 칼라비 언덕을 오르며 예수의 마지막 길을 재연한다. 부활절 당일에는 마요르카 내 여러 교회에서 대규모 미사가 진행된다.

May

Es Firó
에스 피로

지역.	소예르
기간.	5월 둘째 주 일요일 다음 월요일부터 4일간

마요르카에서 역사적으로 중요한 휴일 중 하나로, 무어인의 침입을 물리친 소예르 주민들의 용기와 단결을 기리기 위해 시작됐다. 소예르 주민들은 무어인과 기독교인으로 나뉘어 당시 복장을 갖추고 역사적 전투를 생생하게 재연한다. 재연 이벤트가 끝나면 참여자 전원이 모여 마요르카의 지역 찬가라 발랑게라(La Balanguera)를 함께 부르며 마무리한다. 주민들에게는 공동체 의식을 고취하고 여행자에게는 역사 체험의 기회를 제공하는 의미있는 축제다.

June

Festes de Sant Pere
성 베드로 축제

지역. 주요 항구 도시

기간. 6월 29일 전후로 3일~1주일 가량

선원의 수호성인 성 베드로를 기리는 행사. 해안 마을의 전통과 신앙이 결합된 축제로, 바다와 깊은 유대감을 맺고 살아온 마요르카인들의 삶을 엿볼 수 있다. 섬 내 주요 항구 도시에서 열리는데, 그중에서도 알쿠디아에서 펼쳐지는 의식이 가장 상징적인 이벤트로 꼽힌다. 축제가 시작되면 사람들이 성 베드로 동상을 어깨에 메고 화려하게 장식된 선박이 줄지어 있는 항구까지 행진한다. 동상을 실은 선박을 포함해 모든 배가 바다로 나가고, 자정이 되면 불꽃놀이로 마무리된다. 육지에서 바다로 이어지는 행진은 이 축제만의 독특한 특징이다.

August

Festes de La Patrona
라 파트로나 축제

지역. 포옌사

기간. 8월 2일

포옌사에서 가장 인기 있는 축제로, 수호성인 성모 마리아를 기리는 동시에 1550년 해적 침입을 물리친 역사적 사건을 재연한다. 6월부터 준비를 시작할 만큼 지역민들에게 중요한 축제. 오전에는 도시 곳곳에서 민속 춤인 코시어스 춤(Cossiers Dance)을 추고 전통 음악 공연이 열린다. 오후에 축제 개막을 알린 다음, 수호성인 동상을 앞세운 행진이 이어진다. 오후 7시부터 전투가 재연되는데, 흰 잠옷을 입은 기독교인, 화려한 복장의 해적 그리고 직접 만든 나무칼을 든 주민들이 마을 곳곳을 누비는 진귀한 풍경을 만날 수 있다.

Festival de Música Clàssica Frederic Chopin
쇼팽 클래식 음악 페스티벌

지역. 발데모사

기간. 8월 중

1930년 요양차 발데모사에 머물렀던 프레데리크 쇼팽의 음악을 기리기 위해 시작됐다. 오늘날 마요르카에서 가장 중요한 음악 행사 중 하나로, 카르투하 수도원에서 약 4회의 공연이 열린다. 전 세계에서 초청된 클래식 연주자가 쇼팽의 작품을 중심으로 피아노 연주를 선보인다. 수도원 내 프레데리크 쇼팽과 조르주 상드의 방도 함께 방문하면 한층 더 특별한 경험이 될 것이다.

September

Festa des Vermar
포도 수확 축제

지역.	비니살렘
기간.	9월 중순~말 3주간

비니살렘은 마요르카의 대표 와인 생산지로, 포도 재배와 와인 생산이 지역 경제의 핵심이다. 1960년대부터 이를 기념하고 지역 와인을 알리기 위해 포도 수확 시즌에 맞춰 축제를 열기 시작했다. 미술 전시, 문화 투어, 부츠 경주 등의 문화 행사를 포함해 포도 던지기 경연, 포도 밟기 대회, 현지 와인 박람회 등 와인과 관련된 다양한 콘텐츠를 제공한다.

Nit de I'Art
아트 나이트

지역.	팔마
기간.	9월 셋째 주

팔마의 구시가지가 거대한 야외 미술 전시장이 되는 마요르카의 대표 예술 축제. 골목 곳곳에 전시된 다양한 작가의 작품을 누구나 자유롭게 감상할 수 있다. 1997년 현대미술을 대중에게 쉽게 소개하기 위해 시작된 행사로, 초기에는 소수의 갤러리만 참여했지만, 2024년 28회를 맞이하며 규모와 영향력 모두 크게 성장했다. 행사에 참여하는 갤러리는 오후 7시부터 자정까지 오픈해 심야에 즐기는 이색 문화 체험의 기회를 선사한다.

October

Fira de la Sobrassada
소브라사다 축제

지역.	캄포스
기간.	10월 중

마요르카 전통 음식 소브라사다와 관련된 상품과 문화를 소개하는 박람회. 마요르카에는 전통적으로 가을에 돼지를 잡는 풍습이 있었는데, 이 시기의 온화한 온도와 높은 습도가 돼지고기를 부드럽게 건조시키는 데 이상적이기 때문이다. 이 전통을 기념하기 위해 1980년대부터 시작된 축제로, 소브라사다를 중심으로 다양한 전통 요리를 맛볼 수 있는 행사로 자리 잡았다.

Index

TO SEE

드라스 동굴	101
미라도르 데 에스 콜로메르	114
발데모사 시립박물관	96
벨베르성	70
사 볼타 데스 게네랄	120
사 칼로브라	26
성 바르토메우 교회	87
소예르 항구	26
소예르 해양박물관	91
손 모라게스 농장	96
아랍 목욕탕	69
안드라츠 항구	122
안익태 기념비	71
알무다이나 궁전	69
알쿠디아 산트 자우메 성당	110
알쿠디아 성벽	109
에스 발루아르 팔마 현대미술관	72
에코빈야사	91
카논즈 항구	120
카르투하 수도원	95
칸 프루네라	90
칼라 바니알부파르	26
칼라 바르케스	59
칼라 세레나	59
칼라 욤바르드스	22
칼로 데스 모로	22
코다 델 디아블로	59
콘스티투시온 광장	88
토레 델 베르헤르	119
팔마 대성당	67
팔마 아쿠아리움	71
포르멘토르 곶 전망대	114
포옌사 광장	113
포옌사 박물관	113
폴렌티아 모노그라픽 박물관	109
푸이그 델 칼바리	113
프레데리크 쇼팽과 조르주 상드의 방	95
플라야 데 무로	24
플라야 데 포르멘토르	24
플라야 델 포르트 데 포옌사	25
플라야 알쿠디아	25
피카소 & 미로 갤러리	89
하이드로파크 알쿠디아	110
함스 동굴	101
호안 미로 재단 미술관	73
후안 마치 재단 박물관	70
CCA 안드라츠	122
RCD 마요르카 홈구장	71

TO EAT

날라 브런치 앤 커피	80
넘버 일레븐	123
라 마르 돌사	116
라 트렌카도라	117
레스토란테 오오 디에스	78
레스토란테 일 파라디소	79
레스토란테 카사 마루카	77
레스토란테 칸 코스타 발데모사	98
레스토란테 폰다 데 라이구아	116
레스토랑 셀러 칸 코스타 알쿠디아	111
리바레노 카테드랄	80
메르레트	111
메르카트 네그레	76
미가 데 누베	93
바 에스파냐	76
보스	117
본도 코시나	77
사 베이커리 카페	105
사 크레페리아 사 바사	104
사 포르타사	111
에스 탈레 발데모사	97
에스피리투 리브레	93
엘 린콘 델 추로	105
오스테리아 파네 앤 올리오	104
젤라테리아 카프리	123
젤라트 소예르	93
칸 엘리모나	92
칸 후안 데 사이고	78
키타 페누스 발데모사	97
킹피셔 레스토랑	92
포르네트 데 라 소카	79
포른 이 파스티세리아 칸 몰리나스	98
피카 파리나 커피 앤 베이커리	80

TO BUY

리알토 리빙	82
리캠퍼 잉카	62
메르카트 데 산타 카탈리나	84
메르카트 데 올리바르	84
마요르카 패션 아울렛	62
밈브레리아 비달	83
칸 가란야	106
티피카	83
파세오 델 보른	62
플로르 데 살 데스 트렝크 - 코르트 숍	83

TO DO

라파 나달 아카데미	107
란초 칸 피카포르트	58
마요르카 홀스	58
보데가스 칸 피코	119
보데가스 리바스	60
보데가스 마시아 바틀레	60
보데가스 호세 L.페레로	60
손 비다 골프 클럽	59
클럽 데 골프 안드라츠	59
클럽 데 골프 알카나다	59
포옌사 골프 클럽	59

TO STAY

그룹호텔 몰린스	34
닉세 팰리스	35
라 레지덴시아, 벨몬드 호텔	32
사마리타나 스위츠	41
손 비스코스	38
아그리투리스모 나 마르티나	39
아이콘 발파라이소	35
아파트먼트 사 탕게타 데 포르날루츠	41
알루아 소울 마요르카 리조트	34
알케리아 블랑카	37
이베로스타 웨이브 클럽 칼라 바르카	40
자피로 팰리스 알쿠디아	40
주메이라 마요르카	31
캡 로캣	29
캡 베르멜 그랜드 호텔	30
칸 페레레타	33

Top Moments

마요르카에서 만난 최고의 순간

느긋한 여유와 강렬한 에너지가 공존하는 섬, 마요르카. 그곳에서 만난 찰나의 순간을 사진으로 담았다.

섬의 소박한 일상을 마주할 수 있는 팔마의 골목길.

칼로 데스 모로의 거친 암석 사이 자리를 잡고 일광욕을 즐기는 사람들.

팔마의 파세오 델 보른을 따라 줄지어 선 오토바이.

선수뿐만 아니라 여행자도 테니스를 즐길 수 있는 마나코르의 라파 나달 아카데미.

안드라츠 항구 인근의 레스토랑에 자리를 잡고 일몰을 기다리는 사람들.

칼로 데스 모로에서 로맨틱한 시간을 보내는 연인.

현지인과 여행자 모두 즐겨 찾는 소예르의 정겨운 레스토랑 풍경.